Erste Abhandlung.

Zur Lehre von der Uebertragung dinglicher Rechte an Grund und Boden.

Germanistische Abhandlungen

von

Dr. Georg Sandhaas,
Privatdocent des Rechts in Gießen.

Gießen,
J. Ricker'sche Buchhandlung.

1852.

Vorwort.

Die Fragen, mit deren Lösung sich die nachfolgenden Blätter beschäftigen, gehören anerkannt zu den schwierigsten und darum noch immer bestrittensten auf dem gesammten Gebiete des älteren deutschen Sachenrechts. Der Versuch einer wiederholten Prüfung derselben bedarf daher, seinem Gegenstande nach, nicht erst einer ausführlichen Rechtfertigung. Und so bleibt denn dem Verfasser an dieser Stelle nur der Wunsch übrig, daß sein Unternehmen, auch was die Person des Unternehmenden angeht, von Kennern nicht als ein unberechtigtes betrachtet werden möchte!

Gießen, 16. August 1852.

S.

Uebersicht des Inhalts.

Erste Abhandlung.

Zur Lehre von der Uebertragung dinglicher Rechte an Grund und Boden.

Zweite Abhandlung.

Ueber das Wesen der Gewere.

Einleitung.

Die Materie, welche den Gegenstand der nachfolgenden Erörterung bilden soll, gehörte noch vor nicht gar langer Zeit zu denjenigen, über welche unter den Rechtslehrern volle Einstimmigkeit herrschte.

Die Uebertragung des Eigenthums und verwandter Rechte an Grund und Boden, so lautete die Lehre Aller, sei bei den Deutschen von jeher unabhängig gewesen von der Uebertragung des Besitzes, sie habe dagegen zu allen Zeiten eine Erklärung der Absicht der Uebertragung des dinglichen Rechts vor Gericht (oder dem Stadtrathe) erfordert.

Den ersten Widerspruch gegen diese Ansicht hatte Albrecht [1]) eingelegt. Nach seiner Ausführung sollte nach älterem Rechte allerdings eine Tradition im Sinne der Römer Bedingung der Uebertragung dinglicher Rechte an Grund und Boden gewesen sein. Doch gab auch er zu, daß das neuere Recht mit der herrschenden Lehre stimme, und schon darum fanden seine Ideen nicht diejenige Beachtung, die sie m. E. n. verdienten.

Eben dies gilt von einem ähnlichen Ergebniß der Untersuchungen, die, ungefähr gleichzeitig mit Albrecht, Jakob Grimm [2]) veröffentlicht hatte. Schon der Umstand, daß dieser

---

[1]) Die Gewere, als Grundlage des d. Sachenrechts. Königsberg 1828. §. 8, S. 63 ff.

[2]) D. R. A. Gött. 1828, zweite Hälfte, S. 554 ff. vgl. mit der ersten Hälfte, S. 109 ff.

große Forscher es dem Leser selbst überlassen hatte, die nähere Begründung seiner neuen Ansicht aus der Masse des zusammengebrachten Stoffs auszusuchen, machte die Meisten für dieselbe weniger empfänglich.

Bei dieser Lage der Dinge muß es als sehr verdienstvoll gelten, daß Beseler [3]), angeregt durch Grimm's Untersuchungen, unsere Lehre einer umfassenden Revision unterworfen und die Ergebnisse derselben in einer so anschaulichen Gestalt vorgetragen hat, daß es fortan Niemanden mehr möglich blieb, hergebrachte Meinungen ohne gehörige Begründung in Schutz zu nehmen.

Indessen hat weder Beseler's eigne Ausführung, noch die Untersuchungen, die durch sie hervorgerufen wurden, zu sicheren, allgemein anerkannten Grundsätzen geführt. Im Gegentheil scheint jede neue Abhandlung die Uneinigkeit über unsere Materie noch zu vermehren.

Der Grund dieser Erscheinung scheint mir darin zu liegen, daß man, wie so oft bei deutschrechtlichen Untersuchungen, das Recht verschiedener Zeiten und Stämme nicht gehörig sondert.

Ob es nun dem folgenden Versuche gelungen ist, durch Vermeidung dieses Fehlers eine haltbare Theorie über die (formellen) Erfordernisse der Uebertragung des Eigenthums und eigenthumsähnlicher Rechte an Immobilien aufzustellen, möge der kundige Leser entscheiden. —

§. 1.

Ueber die Akte der Eigenthumsübertragung. Sachlich.

In den Quellen über die Uebertragung dinglicher Rechte an Immobilien fällt auch schon der oberflächlichen Betrachtung

---

[3]) Erbverträge Bd. I. (Vergabungen v. T. w.) Gött. 1835. §. 4, S. 19 ff.

eine merkwürdige Verschiedenheit bezüglich der Zahl der dabei vorkommenden Feierlichkeiten auf.

Nach einem Theile unserer Quellen kamen, ob bloß factisch oder kraft rechtlicher Nothwendigkeit, wird unten besonders untersucht werden, zwei feierliche Akte vor, nämlich

1. eine Feierlichkeit, die sich darstellt als bloße Erklärung, dingliche Berechtigung übertragen und empfangen zu wollen, ohne Einräumung der (körperlichen) Innehabung,

2. eine Feierlichkeit, welche die thatsächliche Verwirklichung jener Erklärung ist, welche sich characterisirt als feierliche Einräumung des (körperlichen) Besitzes.

In andern Quellen wird dagegen des zweiten Aktes nicht gedacht, sie kennen nur Eine Feierlichkeit, die sub 1 bezeichnete.

Zu den Quellen der ersten Art sind ohne Anstand sämmtliche Quellen des älteren deutschen Rechts zu zählen. Soweit sie überhaupt über unsere Frage Licht verbreiten, kennen sie nämlich alle die so eben beschriebene Duplicität der Feierlichkeiten der Eigenthumsübertragung. —

Bekanntlich diente die sofortige Uebertragung dinglicher Berechtigung an Grund und Boden einem doppelten Zwecke.

Sie vermittelte reine Vergabungen unter Lebenden, sie diente als Mittel für s. g. Vergabungen von T. w. —

Daß nun bei ersterer der Wechsel des Besitzes mit Feierlichkeiten verbunden war, scheint mir schon durch eine Stelle des Ripuarischen Rechtes [4]) bewiesen zu werden; für ganz besonders

---

[4]) L. Ripuar. 60 (62). Si quis villam aut vineam vel quamlibet possessiunculam ab alio comparavit et testamentum accipere non potuerit, si mediocris res est, cum VI testibus et si parva cum III, quod si magna cum XII ad locum traditionis cum totidem numero pueris accedat et sic eis praesentibus pretium tradat et possessionem accipiat etc.

Ich bezweifle nämlich nicht, daß wir unter locus traditionis das zu übertragende Grundstück selber zu verstehen haben, eine Erklärung, die sich auch schon bei Beseler Erb=V. Th. I, S. 41 findet.

schlagend halte ich aber in dieser Hinsicht eine Reihe von Formeln, die s. g. traditoriae [5]).

Daß dieselben eine Feierlichkeit auf der Sache selbst, mithin einen feierlichen Besitzwechsel beschreiben, davon überzeugt uns der erste Blick in dieselben [6]).

Auch kann man sie sicher nicht dadurch beseitigen, daß man sie als Zeugnisse römischer Rechtssitte auffaßt. Nur zwei For-

---

[5]) Formulae traditoriae finden sich bei Marc. App. 19. 20. 43. 57. Sirmond. 15. Lind. 24. 80. 153—156.

[6]) Marc. App. 43. Notitia qualiter et quibus praesentibus veniens homo aliquis Advocatus sancto illo de Monasterio ad res illas, in pago illo, in loco, cuius vocabulum est ille, quas ante tres dies femina aliqua nomine illa per suo instrumento ad ipso Monasterio visa fuit delegasse cum omni integritate, sicut in donatione constat; quod portio sua est ad integrum, a die praesente Missus ipsius feminae ille ipsius Misso Monasterii nomine, illo per ipso ostio de ipsa casa . . . per herbam et cespitem, sicut lex est, ipsius Misso ad partem sancto illo vel ipso . . visus est tradidisse et per sua festuca ipso Misso vel ipsa femina de ipsas res se exitas ex omnibus esse dixit. Id sunt.

Ibid. 57. Notitia traditionalis, qualiter vel quibus praesentibus venit homo aliquis nomine, ille ad illo manso, quem ante hos dies per chartolam venditionis ad filium suum transfirmavit, per . . . visus fuit tradidisse vel consignasse et exitum inde fecisse. His praesentibus.

Lindenbrog. 155. Notitia loco traditionis, qualiter et quibus praesentibus ante eos qui subter firmaverunt, ibique veniens homo aliquis nomine ille, vel villas illas, quas ipse ante hos dies per suam epistolam donationis ad Monasterium illud in honorem Sanctorum illorum constructum, ubi Dominus ille Abba praeesse videtur a die praesente ad integrum concessit et confirmavit (jam nomina ille) per portas et ostia et dictam donationem ad Missum de supradicto Monasterio vel dicti Abbatis nomine illum visus fuit per omnia et in omnibus, quantum illa epistola commemorat et insertum est, consignavit, tradidit et vestivit et per durpilum et festucam sibi foras exitum alienum vel speliatum in omnibus esse dixit et omnia wirpivit, his praesentibus. Actum fuit ibi. Et rel.

Ibid. 156. Notitia traditionalis, vel quibus praesentibus venit homo aliquis nomine, ille ad illum mansum, quem ante hos dies per chartulam venditionis ad filium suum adfirmavit, per ostium et anatalia, per herbam et ritem ei visus tradidisse vel consignasse et exitum inde se fecit, his praesentibus. Et rel.

meln [7]) müssen allerdings wohl auf römische Rechtsansichten zurückgeführt werden, die übrigen aber bezeugen durch die dem römischen Rechte fremden Symbole ihren deutschen Charakter [8]).

Die so eben für die Vergabungen u. L. beigebrachten Belege werden nun aber, wie mir scheint, gar sehr unterstützt durch einige Zeugnisse über Vergabungen von Todes wegen.

Der dauernde Wechsel des Besitzes nach dem Tode des Vergabers scheint freilich, wenigstens bei den Franken, durch Selbstunterwindung des Begabten vermittelt worden zu sein. Die Formeln erkennen die Berechtigung des Letztern hierzu ausdrücklich an [9]).

Aber wenigstens bei den Saliern ging dieser reellen und dauernden Uebertragung des Besitzes eine nominelle Einräumung zeitweiligen Besitzes schon bei Lebzeiten des Vergabers voran. Dies beurkundet die berühmte Stelle des salischen Gesetzes über Affatomie [10]).

---

[7]) Sirmond. 15 und Lind. 80, (traditiones ad sponsam) bezeichnen die traditio ausdrücklich als »traditio vel introductio locorum secundum legem Romanorum.«

[8]) Vergleiche die in Note 6 mitgetheilten Formeln.

[9]) Durch die unzähligemal vorkommende Klausel: post obitum vero — absque ullius Judicis vel heredum nostrorum exspectata traditione — perpetualiter recipiant possidendum, tanquam si ad praesens absque usu nostro eorum fuisset subsecuta possessio und ähnliche.

[10]) L. Salica 46. adfathamire. Da wir in der folgenden Darstellung wiederholt auf diese Stelle zurückkommen müssen, wird ihre Mittheilung nicht unzweckmäßig erscheinen, sie lautet nach der neuesten Edition des Salischen Gesetzes von Merkel also:

De adfathamire hoc convenit observare, ut thunginus aut centenarius mallum indicant et scutum in ipso mallo habere debent et tres homines tres causas demandare debent et postea requirant hominem, qui ei non pertineat et sic fistucam in laisum jactet et ipse (lies: ipsi) in cujus laisum fistucam jactavit (schalte ein: dicat verbum) de furtuna sua quantum dare voluerit aut totam furtunam cui voluerit dare. (Supplire: Postea) ipse, in cujus laisum fistucam jactavit in casa ipsius manere debet

Bekanntlich zerfiel dieses Rechtsgeschäft in zwei Geschäfte: die Zuwendung der v. T. w. zu vergabenden Sache an eine Mittelsperson [einen später s. g. Salmann [11])] durch den Vergaber und die Uebertragung des so Empfangenen durch den Salmann an den zu Begabenden selbst.

Bei dem letztern Geschäfte wird einer Besitzeinräumung nicht gedacht, was sich aber leicht so erklärt, daß dasselbe erst nach dem Tode des Vergabers zur wahren Vollendung gelangte.

---

et hospites tres suscipere debet et de facultate sua (sc. donatoris) de quantum ei datur, in potestatem suam habere debet. Et postea ipse cui (scutum?) creditum ista omnia cum testibus collectis agere debet. Postea aut ante regem aut in mallo (schon sehr alte Texte fügen bei: legitimo) illi, cui fortuna sua depotavit (sc. donator), reddere debet (sc. ille, in cuius laisum fistuca jactata est) et accipiat fistucam in mallo ipso ante XII menses, (sc. illis) quos heredes appellavit (sc. donatór) in laisum jactet, nec minus nec majus nisi quantum ei creditum est. Et si contra hoc aliquis aliquid dicere voluerit, debent III testes jurati dicere, quod ibi fuissent in mallo, quem thunginus aut centenarius indixerunt et quomodo vidissent, hominem illum, qui fortuna sua dare voluerit, in laisum illius, quem elegit, fistucam jactare, nominare debent denominatim illum, qui fistucam in laiso jactebat et sic (schalte ein: illum, cui) fortuna sua in laiso jactitur, et illum, quem heredem appellat similiter nominent. Et alteri tres testes jurati dicere debent, quod in casa illius, qui furtuna sua donavit, ille in cuius laiso festuca jactata est, ibidem mansisset et hospites tres aut amplius collegisset et in beodiam (i. e. in mensa. Müllenhoff bei Waitz altes R. der salischen Franken S. 280.) pultis (Haferbrei: Müllenhoff a. a. O.) manducassent et testes collegisset et hospites illi tres aut amplius de susceptione gratias egissent. Ista omnia illi alii tres testes jurati dicere debent. Et hoc, quod in mallo, aut ante regem vel in legitimo, publice ille, qui accepit in laiso furtuna ipsa, ante regem aut in mallo publico legitimo, hoc est in malleborgo ante teoda aut tunginum, furtunam illam (schalte ein: illis,) quos heredes appellavit, publice coram hominibus fistucam in laiso jactasset. Hoc est IX testimonia ista omnia debent adfirmare.

Der beste Commentar zu dieser merkwürdigen Stelle findet sich bei Beseler Erb. V. Thl. I. S. 96 ff., mit dem dann noch Waitz, das alte R. der sal. Franken S. 147 ff. verglichen werden kann.

[11]) Das Beste über die Salmannen findet sich bei Beseler Erb. V. Thl. I. §. 15. 16, S. 261 ff.

Bei jenem tritt dagegen zu der feierlichen Erklärung der Eigenthumsübertragung vor Gericht, eine feierliche Besitzüberweisung (die Gestattung der Bewirthung dreier Gäste durch den Salmann im Hause des Vergabers) hinzu.

Daß sich aber die alte Saliersitte bis in die Zeiten Ludwigs des Frommen erhalten hat, beweist eine andere, vielbesprochene Stelle, das Capitulare von 819 über Vergabungen im Auslande, das jedenfalls nicht bloß Geschäfte u. L., sondern auch Zuwendungen v. T. w. im Auge hat.

Seine Bestimmungen sind diese [12]: Bei der Vergabung im Auslande soll die traditio wo möglich vor Zeugen aus dem Bezirke der belegenen Sache vorgenommen werden, zugleich aber wird bestimmt, daß der Vergaber in Selbstperson und durch Bürgen dem Begabten die Investitur versprechen solle.

Es ist hiernach klar, daß diese Bürgschaftsleistung als Surrogat der Investitur angesehen werden muß — mithin also diese der Regel nach nicht fehlte.

Während es nun aber, wie wir bald sehen werden, nicht zweifelhaft sein kann, daß die traditio bloße Erklärung der Ueber-

---

[12]) Auch diese Stelle ist für die ganze folgende Erörterung zu wichtig, als daß sie nicht mitgetheilt werden müßte. Sie lautet so:

Cap. I. Lud. Pii a. 819, c. 6. Si quis res suas pro salute animae suae vel ad aliquem venerabilem locum vel propinquo suo vel cuilibet alteri tradere voluerit et eo tempore intra ipsum comitatum fuerit, in quo res illae positae sunt, legitimam traditionem facere studeat.

Quod si eodem tempore quo illas res tradere vult, intra eundem comitatum fuerit, i. e., sive in exercitu, sive in palatio sive in alio quolibet loco, adhibeat sibi vel de suis pagensibus vel de aliis qui eadem lege vivant, qua ipse vivit, testes idoneos, vel si illos habere non potuerit, tunc de aliis quales ibi meliores invenire possint, et coram eis rerum suarum traditionem faciat et fidejussores vestiturae donet ei, qui illam traditionem accipit, ut vestituram faciat. Et postquam haec traditio ita facta fuerit, heres illius nullam de praedictis rebus valeat facere repetitionem. Insuper et ipse per se fidejussionem faciat eiusdem vestiturae, ne heredi ulla occasio remaneat hanc traditionem immutandi sed potius necessitas incumbat illam perficiendi.

tragung des dinglichen Rechts ohne Besitzeinräumung ist, halte ich es für nicht minder gewiß, daß unter investitura nur der feierliche Besitzwechsel verstanden werden kann.

Eichhorn [13]) meint freilich den Gegensatz zwischen traditio und investitura in der Richtgerichtlichkeit und Gerichtlichkeit finden zu können, ich halte dies aber schon für sprachlich unmöglich [14]), und so bleibt denn wohl nichts anders übrig, als die Annahme des Gegensatzes, den wir so eben bezeichnet haben.

Unsere Auslegung wird übrigens auch noch speciell bestätigt durch eine Stelle aus Meichelbeck's Urkundensammlung [15]), auf die zuerst Häberlin aufmerksam gemacht hat.

---

[13]) D. St. u. R. G. §. 59 a. Anm.

[14]) Auch die deutschen Ausdrücke, welchen die latrinischen Bezeichnungen traditio und investitura entsprechen — es sind, nach der bekannten ahd. Uebersetzung unseres Capitulärs (bei Brower diss. de vet. pop. trev. lingua u. Walter corp. jur. germ. ant. II, app. 1) : sala und geweri deuten nicht im Mindesten auf den von Eichhorn behaupteten Gegensatz.

[15]) Meichelbeck hist. Fris. Tom. I, pars 2 (instr.) no. 629. — Notum sit omnibus quod Erchanbertus Frisingens. Episcopus cum Paldricho — se coadunavit talium rerum, ut sequens ratio per ordinem demonstrat, hoc est, quod idem Episcopus idemque vir nominatus convenerunt in loco nuncupato Dungeih, quod est juxta civitate Viriduna, ubi III fratrum Hludharij, Hludovici et Karoli facta est concordia et divisio regni ipsorum. Condixeruntque, quod praefatus B. proprietatem, quam haberet in finibus Bajowariorum pro pecunia valente libras CCL tradidisset ad domum S. Mariae et ut Erch. jam dictus Episcopus nepos suus Reginbertus videlicet illam proprietatem usque ad exitum vitae ipsorum ad proprium haberent censusque ab eis annuis temporibus ad jam dictam domum Dei veniret de argento sol. II hoc est de cuique illorum unus inter dum cum viverent. Posthaec accessit praenotatus B. et tradidit in capsas S. Mariae ac in manus E. Episcopi et nepotio sui R. et Advocati illorum Eparharij talem proprietatem, quam haberet in exercitu Bajowariorum in locis nominatis T., H., C., M., cum omnibus ad hoc pertinentibus hoc est etc. — — Isti sunt testes etc. (als solche werden genannt : 1 Pfalzgraf, 5 Grafen, 61 Zeugen, wahrscheinlich Freie u. 22 Vasallen des Königs und des Paldrich). Isti etiam sunt fidejussores : S. et C. a quibus E. Episcopus et Advocatus eius E. una cum nepoti suo Ro praedictarum rerum XI Cal. Sept vestituram acceperunt coram multis

Die Stelle beschreibt eine Vergabung im Auslande ganz nach den Normen des Capitulars. Daß aber in den ältern Urkunden Meichelbeck's Investitura stets nur Besitzübertragung heißt, werde ich sehr bald in einem anderen Zusammenhange zeigen.

Zum Schluße dieser Erörterung über die Quellen des älteren Rechts nur noch die Bemerkung, daß auch die altnordische Rechtssitte, auf die man neuerlich in germanistischen Dingen mit Recht so hohes Gewicht legt, unsere Ansicht von der Duplicität der Feierlichkeiten der Grundeigenthumsübertragung nach älterem Rechte nur bestätigt [16].

---

testibus, quorum nomina : (folgen nun 40 Namen.) Anno incarnationis 843. etc.

Zu dieser Stelle ist zu vergleichen : Häberlin systemat. Bearbeitung der in Meichelbeck's historia Frisingensis enthaltenen Urkundensammlung. Berlin 1842, S. 79. 80.

[16]) Dafür stelle ich aus Grimm's R. A. 1. Hälfte, S. 116. 117. 175. 176. folgende Belege zusammen :

Stjernhöök de jure Sueonum et Gothorum vetusto. p. 234 — 37. Post trinam publicationem emptor regem invitare et tribus cum eiusque comitatum mensibus excipere debuit, in horum praesentia rex particulam ex terra venali in sinum emptoris excutiebat, in signum simul totam tradi, ad hunc modum olim etiam privati contraxerunt, manibus assistentium extenso emptoris pallio in quod terras modicum venditor conjiciebat, cum solenni alimandi formula.

Gulaþings-Gesetz, odelsl. cap. 28 (nach Paus. Uebers.)

Nu kiöber mand iord udi folkeforsamling da bör tingmänd at skiöde ham iorden, han skal hiemstävne den sälgende og siden stävne ham til tings og der före sine vidner, at han lovligen haver stävnet ham hiem og der fra til tings; han bör al tage mulden, som i love er mäldt, ved alle fire hiörner af arnestädet og i höisädet og der hvor ager og eng mödes og hvor skov og mark mödes og bevise med vidner paa tinget, at han haver retteligen taget mulden og före siden andre vidner, som vare vid deres kiöb. nu om disse vidner föres ham tilfulde, da bör tingmänd at skiöde ham iorden med vaabentag.

(Das heißt : Kauft nun Jemand Erde in der Volksversammlung, da gebürt es den Dingmännern ihm Erde zu schöten [in den Schooß zu werfen]. Er soll nach Hause laden den Verkäufer und nachher laden ihn zum Ding und dahin führen seine Zeugen, daß er rechtlich habe ge-

So die älteren Quellen und das nordische Recht. Vergleichen wir nun aber mit ihnen die späteren Quellen, so zeigt sich in diesen in der That jene Verschiedenheit der Sitte, deren zu Anfang des §. gedacht wurde.

I. Was zuvörderst die westfränkischen [17]) Quellen angeht, so kennen diese land- wie lehnrechtliche bei der Begründung dinglicher Rechte an Grund und Boden nur einen Akt, welcher sich darstellt als bloße Erklärung der Uebertragung des dinglichen Rechts ohne Uebertragung des körperlichen Besitzes.

Und hiermit stimmt, wie bekannt, das lombardische Lehnrecht vollkommen überein [18]).

---

laden ihn nach Hause und darnach zum Ding; er soll nehmen Erde, wie im Gesetze ist angezeigt, an allen 4 Winkeln der Feuerstädte und an dem Hochsitz und da wo Acker und Anger aneinanderstoßen und wo Wald und Mark aneinanderstoßen, und beweise mit Zeugen bei dem Gericht, daß er habe rechtlich genommen Erde und führe nachher andre Zeugen, welche waren bei seinem Kaufe. Wenn nun diese Zeugen geführt werden ihm vollständig, da gebürt es den Dingmännern zu schöten ihm Erden mit Waffendach [?])

Lunder Stadtr. p. 222. hwilkin man är köper iorth i Lund af annari, tha skal iorth ködas häma with dör meth gotha manna witne. tha skal skötning standa.

(Das heißt: Welcher Mann ist Käufer Erde in Lund von Andern, der soll Erde schöten ihm daheim bei der Thür mit guter Leute Zeugniß. Da soll Schötung zu Recht bestehen).

Mit dem altnord. stimmte auch der spätere englische Rechtsbrauch:

Bractorn de leg. et cons. Angl. 2, 18. Flita 3, 15. Fieri debet traditio per ostium et per hastam sive annulum et sic erit in possessione de toto.

[17]) Ich verweise in dieser Hinsicht auf Warnkönigs franz St. und Rs. G. Bd. II, S. 396. 397, da ich selbst für eine quellenmäßige Erforschung des franz. Rechts noch keine Zeit gefunden habe. —

[18]) Wenigstens findet sich in dem lombard. Lehnrechtsbuch nirgends eine Hinweisung, daß der investitura im Sinne von II F. 2 pr. d. h. der bloßen Erklärung der Uebertragung des dinglichen Rechts ohne Einräumung des körperlichen Besitzes, eine Investitura im Sinne der ältern Quellen folgte.

II. Was dagegen die deutschen Quellen betrifft, so sind hier vor Allem Lehn- und Landrechtsquellen zu sondern.

Die Lehnrechtsquellen scheinen zwar die s. g. Beweisung, d. h. die feierliche Einweisung in den Besitz des Gutes nach geschehener Belehnung als die Regel aufzustellen. —

Allein sie machen von dieser Regel so umfassende Ausnahmen, daß man mit Fug die einfache Belehnung für die Regel und die Beweisung für die Ausnahme erachten kann [19]).

Was dagegen die landrechtlichen Quellen angeht, so kann nicht verkannt werden, daß ein Theil derselben die feierliche Besitzeinweisung nicht mehr kennt.

Nach den Meichelbeck'schen Urkunden schwindet dieselbe in Baiern im 13. Jahrhundert [20]).

---

[19]) Dafür, daß der Belehnung in der Regel eine Beweisung folgte, ist ein klares Zeugniß gegeben in

Sächs. Lehns-R. II, §. 1. Svelk gut en man an sinen geweren nicht hevet unde ime nicht bewiset n'is, deme ne mach he nicht volgen an enen andern herren, noch erven an sinen sonen.

Es ist aber gewiß, daß die Beweisung in einer Reihe von Fällen unterbleiben konnte, nämlich:

1) wenn bereits begründete Lehnsberechtigung auf einen Andern übertragen wurde:

Sächs. Lehns-R. 57, §. 3. Underwint is (des Gutes) sik ok jene deme en wardunge oder en gedinge daran gelegen is er den die herre, he ne missedut nicht, deste he't tohant vorsta unde sine recht daran berede jegen sinen herren, svenne he ine dar umme sculdeget oder dar umme degedinget.

2) Selbst wenn Lehnrechte neu begründet werden in den Fällen:

Sächs. Lehns-R. II, §. 2. Of die herre sinen manne liet en gantz dorp oder wingarden oder tegeden oder gerichte oder süsgedanes dinges icht, oder allet dat he ledich hevet an ener stat, deme lene volget die man und erft it, al darve he der bewisunge.

[20]) „Die Investitur wird in diesem Zeitraume (13. — Anfg. 16. Jahrh.) nicht mehr erwähnt". Häberlin a. a. O. S. 203.

Dieselbe Erscheinung bezeugen für Sachsen zwei Stellen des vermehrten Sachsenspiegels [21]), auf welche schon Albrecht hingewiesen hat [22]).

Aber allgemeine Geltung hatte diese Neuerung doch selbst in späteren Zeiten nicht.

Im Gegentheile finden wir in sächsischen und fränkischen Gegenden bis zum Ende des 16. Jahrhunderts deutliche Zeugnisse der alten Sitte feierlicher Besitzeinweisung, die ich aus Grimm's Rechtsalterthümern in der Note zusammenstelle [23]).

---

[21]) Verm. Sachsensp. I, 39, 4. Wer erbegut uffgeboten hot vor gerichte, der sal is dornoch halden 3 tage und 3 nachte denne her jin vrede lose wirken darobir und wirt her denne in der czit nicht angesprochin, so mag er darobir vrede lassin wirken und her sal is dornoch besitzen und sin beten, 2 tage und 3 nacht. Noch 6 tagen en hot her nicht me rechtis doran von des wegin hes ufgeboten is und das is keiserrecht und wichbilde. 5. abir nach desim unsem lantrechte und wichbilde sechsischer art, welche czit ein man vor gericht der gewere abitritt und ufflest, oder sich vorczit mit vingern unde mit czungen — so hat he sich geledigit von der gewere des gutes und mus darumb ein gewere sin vor allen mannen glich nach rechte.

Verm. Sachs. Sp. I, 25 pr. Wenne man obir ein eigen vrede wirket vor gerichte, so der richter vrogit deme der is let, ab is sin wille sey, so sal her is bekennen und sal uffrecken czwene vinger an der rechten hand, domite sal her sich der gewere rein, ganz u. gar vorcziehen und sal denne die gewere uffsagen mit vingern und mit orkunde eines hutis adir eines hantczkens also, das her is mit eime czeichin uffgebe und domete entpfet yener auch die gewere. Dornoch so sal im der richter vrede wirken etc.

[22]) Albrecht, Gewere, S. 69 fg.

[23]) Es gehören hierher:

1. Stellen, die eine symb. Handlung mit der Thüre beschreiben. (Grimm, S. 175.)

Der landfiscalis namb die überantwortung des hauses . . mit dank an, satzte sich öffentlich auf den stuhl, thate das thor auf u. zu, u. erklerte sich fur einen jetzigen besitzer und inhaber des hauses. (Braunschweig. ded. bei Haltaus, Glossar. p. 1785 a. 1598.)

so soll er es (das haus) aufbieten drei dinge nach einander, also des dritten dings so soll der richter mit ihm gehen . . da sollen ehrhaftige und gesessene leute darbei sein, die da sehen u. hören. das es ihm

Und keinen Zweifel hat es, daß noch zu Anfang der Periode, die man als die des mittleren deutschen Privatrechts zu

---

geeignet wirt als recht ist, so sol jener sprechen : herr richter dem haus hab ich lange nachgefolget mit rechtem gedingen, auch wissentlichen u. dem dings warten, dass ihr mirs zu recht eigen sollt; so sol der richter angreifen an das thürstöckel oder an den thürring und sprechen etc. Freib. Stat (Walch. Beitrag zu dem deutschen Recht, 3, 181.).

Heizen angrifen an daz türstadel oder an einen türrinc. Schotts Sammlung 3, 163.

Ist es husunge he sal im den ringk an der thür in die hant thun Frankenb. Gewohn. b. Schminke Monum. Hassiac. 2, 740. Kopp 1, 500.

Zu dieser Stelle gehört auch die Stelle bei Grimm S. 113: ist es acker, wisen oder garten, he sal einen kloiss uss der erde graben und jenem in die hant thun.

2. Stellen, die einer symbolischen Handlung mit einem Stuhle gedenken (Grimm, S. 187, 188.)

Nach Bodman Rheing. Alterthümer S. 438 war es bei Feldgütereinwährungen üblich, daß der neue Empfänger vom Gerichte an das Gut begleitet, dort auf einen dreibeinigen Stuhl zu sitzen und also in einem dreimaligen Schub sich dem Gute zu nähern beordert ward.

Die ältesten Belege (aus dem 14. Jahrh.) theils Franken, theils Sachsen angehörig, die Grimm gefunden hat, sind folgende :

Gudenus 2, 453 (a. 1316) predictus etiam Crafto scultetus una cum Horterico burgravio praenominatos fratres in prelibate domus possessionem misit et locavit cum pace et banno per sedem tripedem, prout Maguntie consuetudinis et juris.

Responderunt eidem jurati praehabita inter se deliberatione seorsim, quod, assumta sibi una sede lignea tres pedes habente posita intra judicium, cum eadem sede . . . tribus vicibus locum mutando usque in ipsum judicium procedere deberet Bodman Rheing. Alterthümer. 438 (a. 1329).

Danach in dem andern jare ist der obg. Heinrich kommen u. hat sich zu solchem hobe lassen eigen und hat der schultheiss des gerichts . . Heinrichen in solchen hob gesast, gewert und geeignet . . . u. hat das gedan in beiwesen (der scheffen) und hat den obg. H. gesast mit kussen u. mit stule uf den selben hob. Kuchenbecker, annal. hassiac. 3, 101 a. 1349.

In das gut setzen mit küssen u. stul mit gerichten u. rechte al rechte ist. (Wenck, Hess. Gesch. 2, no. 404 (a. 1365).

Hat darin gesessen mit kussen u. stule jar u. tag, also des gerichts recht und gewonheit ist. Kopp no. 123 (a. 1411).

bezeichnen pflegt, ja daß bis in das 13. Jahrhundert herab die Uebereinstimmung mit dem ältern Rechte, wenigstens auf dem Gebiete des Landrechts eine allgemeine war.

Dies beweisen:

1. Die Urkunden.

In den bekannten Urkundensammlungen eines Meichelbeck, Neugart, Schannat u. A. werden bei Uebertragungen des Grundeigenthums regelmäßig zwei Akte geschieden: traditio und investitura.

Die traditio ist die bloße Erklärung der Uebertragung des dinglichen Rechts ohne Besitzwechsel. Die investitura ist dagegen unzweifelhaft eine feierliche Einweisung in den Besitz. Denn so verschieden auch ihre Formen sein mochten, immer war sie ein Akt auf der Sache selbst, darüber lassen alle Stellen, die über dieselbe genauere Kunde geben, keinem Bedenken Raum. Doch ist es nicht nothwendig, bei diesem Punkte näher zu verweilen, da er, wie ich glaube, durch Grimm [24]), Albrecht [25]),

---

Braunschweig, ded. a. 1595 (bei Haltaus Glossar. 1759) darauf ist man herunter in das haus gangen, daselbst man den hern fiscaln einen stul mitten in das haus geseczt, darauf er sich auch in signum realis et vere apprehensae possessionis auffgesetzt.

a. 1598 (das.) der landfiscalis namb die tradition u. überantwortung des hauses . . an, satzte sich öffentlich auf.

3. Das Reklinghäuser Hofrecht (bei Rive S. 229.) nach folgender Bemerkung Grimms R.-A. S. 114:

„Wollte der Inhaber eines hobshörigen Guts dem Nachfolger das Gut bei Lebzeiten übertragen, so mußte er sich außerhalb desselben und selbst der dazu gehörigen Hofstücke befinden: daselbst in Gegenwart des Hobsgerichtsschreibers, des Hobsfrohnen und zweier Hobsgeschwornen erklärte er seinen Willen, überreichte sodann seinem Nachfolger, nachdem sie auf das Gut zurückgekehrt waren, Torf und Zweig, der den Besitz durch Annahme derselben, Auslöschung und Anzündung des Feuers, Berührung des Viehs u. s. w. ergriff

[24]) R.-A. 2. Hälfte S. 555, 556.

[25]) Gewere S. 64.

Beseler [26]) nnd Häberlin [27]) bereits genügend dargethan ist. Nur zur Erläuterung, und um Bekanntes in deutliche Erinnerung zu bringen, mögen daher in der Note einige Beispiele aufgeführt werden [28]).

2. Mehrere Rechtsbücher. Es gehören hierher :

a) Der Sachsenspiegel III, 82. §. 2 [29]).

b) Mehrere Stellen aus Rechtsbüchern, die zur Familie des Sachsenspiegels gehören, und auf die zum Theil schon Albrecht hingewiesen hat [30]). —

---

[26]) Erb-V. Th. I, S. 30. 31.

[27]) Systemat. Bearbeitung S. 200 ff.

[28]) Meichelbeck hist. Fris. no. 607 (a. 839). His omnibus firmiter peractis statim de omnibus rebus suis per superliminarem domus suae vestivit E. episcopum et advocatum suum R. et exivit ipse R. traditor et intravit Episcopus et Advocatus ejus.

Urk. v. 1170 bei Wigand Fem.-G. S. 224. His ita gestis, judex praecepit praeconi, ut praefata possessione me investiret; qui introduxit me cum multis nobilibus et liberis, qui appellantur Scepenen et posita sella quaesivit, quo ordine me investire deberet. Demum novies regali banno eam nobis confirmavit et sic triduana sessione, sicut moris est, dituni nostrae dedicavimus.

[29]) Sächs. Land. III, 82 §. 2. Svie en gut enem andern gift — unde wert jene van gerichtes halven darin gewiset u. s. w.

Das. III, 83 §. 1. Svat man enem manne gift, dat solen sie besitten dre dage.

[30]) Gosl. Stat. 494, 24, 25 (Berm. Ssp. I, 39 4 u. Pölmann Handb. IX, 17, 4) s. oben Note 21.

Sächs. Weichbildrecht : art. 20. Wenn ein man sein eigen vergeben wil; — er sol kommen zu rechter dingstat u. vor die bencke mit dem, ders empfan sol. So frag denn der, der das eigen wil vergeben, wie er sein eigen vergeben sol; — so vindt man im zu recht, ob es erb oder gabhafft gut ist, das ist das es nicht unbeerbet oder ungabhafft gut sey. — denn so mag er es geben, wem er wil. — Wenn ers denn vergeben u. jener empfangen hat, so frag diser, ob ers also empfangen hat, das es im hülflichen sey an seinem rechten; wenn im das gefunden wird, so bit er die einweisung von gerichtshalben, so sol in der schultheiss einweisen oder der vogt und die schöppen sollen mit im gehn. — Der richter sol jenen nemen bei der rechten hand u. sol ihn leiten vor den schöppen in das haus — und sol sprechin diese wort : in die gabe, die

§. 2.

Die Akte der Eigenthumsübertragung. Sprachlich.

Schon durch die im vorigen §. gegebenen sachlichen Erörterungen über die Akte der Uebertragung dinglicher Rechte an Immobilien ist auch in der Hauptsache die Lösung einer terminologischen Frage gegeben, die in neueren Zeiten vielbesprochen worden ist, die Frage über die Bedeutung der Ausdrücke traditio und investitura.

Nach der früher ganz allgemein angenommenen und auch noch h. z. T. von Eichhorn [31]) im Wesentlichen festgehaltenen Meinung bezeichnen beide Ausdrücke von jeher denjenigen Rechtsakt, welcher sich darstellt als Erklärung der Uebertragung des dinglichen Rechts ohne Uebertragung des körperlichen Besitzes.

Abweichend von dieser früher herrschenden Meinung haben zuerst Albrecht [32]) und Grimm [33]) jenen Ausdrücken eine verschiedene Bedeutung vindicirt. Nur das Wort traditio soll denjenigen Sinn haben, den Eichhorn gleichmäßig auch für die Bezeichnung investitura beansprucht. Investitura soll dagegen sein, nach Albrecht: die solenne Einweisung in den Besitz, nach Grimm (dem sich später Beseler [34]) angeschlossen hat): feierliche Einkleidung in den Besitz.

---

dir gegebin ist vor gericht, weise ich dich — und setze des die schöppen zu gezeugen und die andern dingpflichtigen, das ich dich hie eingeweist hab, als recht ist. — So ist he denn volkommen an seinem rechten.

Pölmann Handb. IX, 17, 2 — wenn man ein erbfriede wirken sol das sol man tun auff der wehre nach keiserrechte, abir nach lantrechte unde weichbilde sol man das thun vor gehegter dingbanck an rechtem Dingtage mit versprechen u. urteiln u. in keinem afterdinge.

[31]) D. St. u. R. G. I, §. 59 a.

[32]) A. a. O. S. 64.

[33]) A. a. O. S. 555. 556.

[34]) A. a. O. S. 23. Worin eigentlich die Verschiedenheit zwischen der Grimm'schen und Albrecht'schen Erklärung, die Beseler a. a. O. bes. S. 31 Not. 25 behauptet, liegen soll, ist mir nicht ganz klar gewor-

Jedoch geben Grimm [35]) und Albrecht [36]) zu, daß der Ausdruck frühzeitig (wie frühe?) auch schon für die traditio ohne Besitzübertragung gebraucht werde. Anderseits erkennt jetzt Eichhorn [37]) an, daß derselbe in den ältern Quellen öfter auf bloße Besitzeinräumung gehe. Eine Meinungsverschiedenheit waltet mithin unter den genannten Gelehrten nur noch insofern ob, als Grimm und Albrecht die Bedeutung Besitzübertragung, Eichhorn die Bedeutung Tradition ohne Besitzwechsel für die regelmäßige Bedeutung des Wortes Investitura halten.

Dagegen will Beseler [38]) für die ältere Zeit unter Investitura ausschließlich die Einkleidung in den Besitz verstehen. Die Identificirung der Ausdrücke traditio und investitura gehört, nach seiner Ansicht, erst spätern Zeiten an. Und ich denke, er hat in der Hauptsache allerdings Recht.

Ich glaube nämlich, daß der wahre Sachverhalt der folgende ist:

Was zunächst die Bedeutung des Ausdrucks traditio betrifft, so ist diese eine dreifache.

1. Bisweilen heißt traditio in den deutschen Quellen, ähnlich wie in den römischen, Besitzübertragung. In diesem

---

den; mir scheinen beide unter Investitur sich zu denken eine wahre d. h. eine körperliche Tradition, die freilich bei Uebertragung eines Complexes von Immobilien nur die Hauptsache, nicht auch die pertinentialen Grundstücke zum unmittelbaren Gegenstande hat.

[35]) A. a. O. S. 556. „Dieses vestire wird nun bald synonym mit tradere genommen."

[36]) A. a. O. S. 65. „vestire (wird) schon frühe auch zur Bezeichnung des ersten Akts (der traditio) gebraucht."

[37]) A. a. O. Anm. S. 349. „(es) ist nicht zu übersehen, — was Grimm R. A. S. 556 bemerkt, daß vestire und tradere oft gleichbedeutend genommen werden, und mithin traditio die vestitura selbst, die Tradition nehmlich ohne Uebertragung des Besitzes durch bloßes Symbol ist, dann aber Vestitura auch für den auf die Tradition erst folgenden Akt der Einweisung in den Besitz genommen wird."

[38]) A. a. O. S. 30, Not. 22. S. 37, Note 44.

Sinne wird das Wort in den formulis traditoriis gebraucht, deren Bedeutung bereits früher besprochen wurde.

2. aber bezeichnet traditio die Tradition ohne Besitzübertragung. So jedenfalls in allen Urkunden und Gesetzen, die zwischen traditio und investitura als gesonderten Akten unterscheiden.

3. Endlich umfaßt das Wort bisweilen auch die traditio in dem einen oder andern Sinne gemeinschaftlich. Den Beweis dieser dritten Bedeutung verspare ich mir aber für eine spätere Stelle.

Was dagegen den Ausdruck investitura betrifft, so finde ich diesen in der That in den ältern Quellen durchaus nur von der Besitzeinweisung, nirgends von der bloßen Erklärung der Uebertragung des dinglichen Rechts gebraucht.

Das ergibt sich schon aus mehreren gelegentlichen Bemerkungen des vorigen §., die jetzt nochmals rasch überblickt und soweit sie es bedürfen ergänzt werden sollen:

Keine Stelle, die bis in die Zeiten Ludwigs des Frommen hinaufreicht, gebraucht meines Wissens den Ausdruck investitura in der Bedeutung traditio ohne Besitzübertragung.

Dagegen bieten schon ältere Zeugnisse das Wort in der Bedeutung: Besitzeinweisung dar. Ich zähle hierhin insbesondere:

Edict. Chlotaris II, 17. Et quae unus de fidelibus ac leodibus suam fidem servando domino legitimo, interregno faciente visus est perdidisse, generaliter absque aliquo incommodo de rebus sibi juste debitis praecepimus revestiri.

Die Restitution widerrechtlich entzogener Sachen kann nicht eine Restitution in das Recht, sondern nur in den Besitz sein. Revestiri muß also heißen: in den Besitz wiedereinsetzen.

Form. Lindenbr. 155 (vollständig mitgetheilt oben §. 1, Note 6) verbis: „consignavit tradidit et vestivit".

Daß nämlich auch hier der Ausdruck vestire von Besitzeinweisung verstanden werden muß, ergibt sich daraus, daß die

Formel eine s. g. traditoria, d. i. ein Zeugniß über die Besitzübertragung ist.

Auch sprechen, wie ich schon oben angedeutet habe, überwiegende Gründe dafür, daß noch das Capitulare von 819 den Ausdruck investitura in dem Sinne von Besitzübertragung nimmt.

Es scheint mithin diese Bedeutung jedenfalls bis in die Zeiten Ludwigs des Frommen die ausschließliche gewesen zu sein.

In spätern Zeiten gewahrt man dagegen eine doppelte Bedeutung des Ausdrucks investitura.

I. Was zuvörderst die westfränkischen Quellen angeht, so muß zugegeben werden, daß die veest (vestitura) der französischen coutumes eine bloße Erklärung der Uebertragung des dinglichen Rechtes ohne Besitzübertragung ist [39]).

Und eben dies wird für das lombardische Lehnrecht durch eine bekannte Stelle des liber Feudorum bewiesen [40]).

II. Was Deutschland angeht, so mag in lehnrechtlichen Quellen allerdings der Ausdruck investitura schon frühzeitig unter gewissen Voraussetzungen ebenfalls für die alte traditio gebraucht sein. Doch fehlt bisher über diesen Punkt noch eine genauere Untersuchung.

Auf dem Gebiete des Landrechts bewahrt sich dagegen das Wort noch lange die alte Bedeutung, wie schon oben nachgewiesen ist.

Erst später mag es auch hier mit traditio identificirt worden sein, obwohl sich bei unserer mangelhaften Kenntniß der Urkunden über sie bis jetzt noch nichts Bestimmteres angeben läßt. —

So, glaube ich, ist Beseler's Meinung genauer zu formuliren.

---

[39]) Warnkönig a. a. O. S. 328.

[40]) II. F. 2 pr. investitura quidem proprie dicitur possessio, abusivo autem modo dicitur investitura, quando hasta vel corporeum quodlibet porrigitur a domino, feudi se investituram facere dicente.

Ein beachtungswerther Punkt ist wahrscheinlich auch bevor ich auf denselben ausdrücklich hinweise von meinen Lesern bemerkt worden, ich meine die merkwürdige Uebereinstimmung, die sich zwischen der Verschiedenheit der Formen der Eigenthumsübertragung und der Terminologie zeigt.

Soweit sich nämlich die Sache übersehen läßt, findet sich der Ausdruck investitura in der Bedeutung traditio (ohne Besitzübertragung) niemals da, wo sich die alte Sitte der feierlichen Besitzeinräumung findet. Zeugniß bieten Ludwigs Capitulare, Zeugniß die älteren landrechtlichen Urkunden des eigentlichen Deutschlands.

Dagegen ist in denjenigen Quellen, in denen die investitura die Bedeutung traditio ohne Besitzübertragung hat, soweit sie darüber Auskunft geben, der Uebergang des körperlichen Besitzes kein feierlicher Akt; er erfolgt z. B. nach den französischen Coutumes ohne alle Feierlichkeit, ebenso nach lombardischem Lehnrechte.

Wir werden von dieser merkwürdigen Erscheinung seiner Zeit für die Frage Gebrauch machen, ob die investitura im ältern Sinne nur factisch oder Kraft rechtlicher Nothwendigkeit bei der Eigenthumsübertragung üblich war.

§. 3.

Ueber die Mitwirkung des Gerichts bei Eigenthumsübertragungen.

Nachdem wir im Bisherigen die Akte der Uebertragung des Eigenthums und verwandter dinglicher Rechte nach Zahl und Bezeichnung kennen gelernt haben, sollen nunmehr deren Form und rechtliche Bedeutung genauer untersucht werden.

Dabei werde ich der Kürze halber im Zweifel unter traditio die Tradition ohne Besitzeinräumung, unter investitura dagegen die Einweisung in den Besitz verstehen. —

Bei der Prüfung der Form der traditio und investitura bietet sich nun vor Allem die vielbestrittene Frage dar, ob die Tradition die Zuziehung des Gerichts erforderte oder nicht.

Vor Beseler's Buch galt die bejaende Antwort auf unsere Frage für eine ausgemachte Sache [41]). Er war der erste, der eine entgegengesetzte Ansicht zu vertreten wagte [42]). Aber ohne Erfolg. Bluntschli [43]) erfand nämlich den bequemen Ausweg, die Beseler'sche Idee für gewisse Ausnahmsfälle anzuerkennen und damit glaubten sich denn die meisten glücklich über alle Schwierigkeiten erhaben [44]).

Erst Häberlin [45]) und Gengler [46]) sind wieder auf Häberlin's Ansicht zurückgekommen, ohne daß es ihnen jedoch bis jetzt gelungen wäre, derselben in größeren Kreisen Geltung zu verschaffen. Und doch glaube ich, daß auch in diesem Punkte Beseler das Richtige getroffen hat.

Für das Gebiet des Lehn- und Hofrechts ist freilich der herrschenden Lehre in gewissem Sinne beizustimmen. Die lehn- und hofrechtliche Uebertragung war nämlich allerdings nicht denkbar ohne die Mitwirkung des Herrn oder seines Beamten— also insofern nicht ohne Zuziehung einer öffentlichen Autorität.

Für das Gebiet des Landrechts liegt aber auch hier

---

41) Statt aller andern Gewährsmänner sei nur genannt Eichhorn St. u. R. G. §. 59 a. Einl. in das d. P. R. §. 174. Auch Albrecht a. a. O. S. 64 folgte der herrschenden Ansicht, daß die traditio ein im ersten Dinge vorgenommener Akt gewesen sei, doch mit dem Zusatze (das. Note 123 b) „wovon jedoch Ausnahmen vorkommen."

42) A. a. O. Th. I, S. 38 ff.

43) Zürich. R. G. I, S. 89.

44) Man vgl. z. B. Renaud d. Privat-R. §. 253, Note 3. Hillebrand d. P. R. §. 58, Note 3 erklärt die Sache für zweifelhaft, sagt aber im Texte, die Gerichtlichkeit sei das Gewöhnliche gewesen. Gerber §. 89, Note 2 hält Beselern durch Eichhorn für widerlegt, läßt sich übrigens nicht näher auf die Frage ein. —

45) A. a. O. bes. S. 196 ff.

46) D. R. G. S. 344 ff.

wieder der Fehler der gemeinen Darstellung darin, daß sie nicht genug die verschiedenen Zeiten und Stämme scheidet.

Schon in den älteren Zeiten (Periode der Volksrechte), so ist meine Ansicht, stimmte das Recht der verschiedenen Stämme über unsere Frage keineswegs überein. Einige Stämme, Sachsen, Franken, wenigstens die Salfranken, betrachteten freilich die Uebertragung des Grundeigenthums nothwendig als einen gerichtlichen Akt.

Die meisten Stämme begnügten sich aber mit der Zuziehung von Zeugen und Urkunden.

Die Sachsen haben an ihrem alten Principe auch noch in den Zeiten des Sachsenspiegels festgehalten, bei den Salfranken mochte es dagegen schon frühzeitig seine Geltung verloren haben, sowie sich denn auch die übrigen Stämme, in mittleren, wie in älteren Zeiten mit der Zuziehung von Zeugen, mit der Errichtung von Urkunden statt der gerichtlichen Vornahme des Geschäfts begnügten.

Dieses sind die Sätze, deren Beweis nunmehr unternommen werden soll.

Blicken wir zunächst in die ll. barbarorum, so muß freilich zugegeben werden, daß bei einigen Völkern in der That die Uebertragung des Grundeigenthums durch die Mitwirkung des Gerichts bedingt war.

Am bestimmtesten lautet in dieser Hinsicht das Zeugniß des salischen Gesetzes in der berühmten Stelle über Affatomie.

Schon oben ist hervorgehoben, daß die Affatomie in zwei Akte zerfiel: die Zuwendung an den Salmann durch den Vergaber und die Zuwendung an den Begabten durch den Salmann. Beide Akte sind nun in dem Gesetze deutlich als gerichtliche bezeichnet, und zwar mußte wenigstens der zweite in einem ungebotenen Dinge erfolgen, während der erste allerdings (als ein bloßer Formalakt?) auch im gebotenen Gerichte vorgenommen werden durfte [47]).

Gleiche Grundsätze könnten vielleicht auch für die Sachsen als bezeugt gelten durch

l. Saxonum 15: Omnes traditiones et venditiones legitimae stabiles permaneant.

Es hat nämlich Vieles für sich, legitimae zu umschreiben durch: „im echten Dinge vorgenommene [48]).“

Für alle andern deutschen Stämme scheint mir dagegen in den Quellen klar ausgesprochen, daß die Zuziehung von Zeugen, resp. die Errichtung von Urkunden die Mitwirkung des Gerichts bei Uebertragungen von Grundeigenthum ersetzen konnte. —

Ich will, um dies zu beweisen, die hierher gehörigen Stellen der leges barbarorum einzeln durchgehen:

1. l. Ripuariorum.

Tit. 59 (61) dieses Gesetzes scheint zwar für die Nothwendigkeit der Mitwirkung des Gerichts zu sprechen. Denn er besagt:

Si quis alteri aliquid vendiderit et emtor testamentum venditionis accipere voluerit, in mallo hoc facere debet et pretium in praesente tradat et rem accipiat et testamentum publice conscribatur. Quod si parva res fuerit VII testibus firmetur: si autem magna XII roboretur.

Wird hier nicht ausdrücklich gesagt, daß bei Verkäufen die Mitwirkung des Gerichts erforderlich sei? Allerdings! aber doch nur: si — emtor testamentum venditionis accipere voluerit. Dies braucht er aber nicht und kann er oft sogar nicht, und für solche Fälle verordnet dann:

Tit. 60 (62), 1. Si quis villam aut vineam vel quamlibet possessiunculam ab alio comparavit et testamentum accipere non

---

[47]) Die Stelle ist bereits §. 1, Note 10 mitgetheilt worden.

[48]) Gerber medit. ad loc. Spec. jur. Sax. I, 52. §. 1, p. 6.

potuerit, si mediocris res est, cum VI testibus, et si parva cum III, quod si magna cum XII ad locum traditionis cum totidem numero pueris accedat et sic eis praesentibus pretium tradat et possessionem accipiat et unicuique de parvulis alapas donet et torqueat auriculas ut ei in postmodum testimonium praebeant.

2. l. Bajuvarior. (vgl. XV, 2).

XV, 12. Quidquid vendiderit homo aut comparaverit qualemcunque rem omnia sint firmata aut per chartas aut per testes qui hoc probare possint, hoc est de mancipiis, de terra, de casis, vel silvis, ut postea non sit contentio.

So die allgemeine Regel, etwas modificirt erscheint sie bei kirchlichen Traditionen nach

tit. 1, cap. 1. — — omnia quaecunque donaverit — per epistolam confirmet propria manu sua ipse et testes adhibeat sex vel amplius si voluerit et imponant manus suas in epistola et nomina eorum notent ibi quos ipse rogaverit. Et tunc ipsam epistolam ponat super altare et sic tradat ipsam pecuniam coram sacerdote qui ibidem servit et posthaec nullam habeat potestatem exinde quicquam auferre nec ipse nec posteri ejus etc.

Bei Traditionen an die Kirche war also die Form der Urkunde insonderheit unerläßlich.

3. l. Alemannor.

19. Res ecclesiae de laicis absque charta nullus praesumat possidere et si chartam non ostenderit, quod comparasset a pastore Ecclesiae, possessio semper ad Ecclesiam pertineat.

20. — si (pastor Ecclesiae) concambium fecerit aut de mancipio aut de terra semper epistolam firmitatis faciat ut contentio non fiat, nec Ecclesia perdat, quod legitime possidere debeat.

Würde der Gesetzgeber — so fragt gewiß ein Jeder — so strenge auf die Errichtung einer Urkunde gehalten haben, wenn die Uebertragung von Grund und Boden nothwendig eine gerichtliche gewesen wäre?

4. l. Burgund. 43, 1 — — hoc ordine in populo nostro donationes factae et testamenta valebunt, ut V aut VII testes donationi aut testamento prout possunt aut signa aut subscriptiones adjiciant. Quod si minor testium numerus interfuisse probetur, facta donatio, aut conditum testamentum, nullum habere poterit firmitatem.

60. — quia aliquos Barbarorum per duos aut tres testes conlatas sibi vel donationis vel hereditatis nomine facultates, adversus morem veterum usurpare velle cognovimus, eorum primitus praesumptionem praesenti lege corrigimus, constituentes, ne tam paucis testibus commissa res valeat. Ceterum si quis posthaec Barbarus vel testari voluerit, vel donare aut Romanam consuetudinem aut Barbaricam esse servandam sciat, si vult aliquid firmitatis habere quod gesserit i. e. aut scripturis legitimis, quod largiri cuicunque voluerit, teneatur : aut certe V ingenuorum testimonio, quod dimittere vel donare voluerit, robur accipiat et in eius, cui deputata res erit, jura commigret.

Add. I, 12. Si quis mancipium aut agrum aut vineam aut aream, vel domum factam in quocunque loco comparaverit jubemus, ut si non fuerit firmata aut subscripta, pretium perdat. Certe si a loci illius consistentibus scriptura ipsa signata non fuerit aut VII aut V testibus.

5. ll. Longobardorum.

Die Benennung thinx für die Vergabung bei den Longobarden scheint hier allerdings beim ersten Anblick auf Gerichtsversammlung und deren Mitwirkung bei der Grundeigenthumsübertragung zu deuten. Die Unhaltbarkeit dieses Raisonnements ist aber schon früher durch Beseler [49]) genügend dargethan worden aus

l. Roth c. 172. Si quis res suas alii thingere voluerit non absconse sed ante liberos homines ipsum garathinx faciat,

---

[49]) Erb-V. Th. I, S. 111.

quatenus qui thingat et qui gisil fuerint, liberi sint, ut nulla in posterum oriatur intentio.

Und

Form. ad h. l. Petre te appellat Martinus, quod tu tenes ei terram malo ordine in tali loco. „Ipsa terra mea propria est: ecce carta, quam tu mihi fecisti.“ Contra legem est ipsa carta, quod non fuerint testes liberi.

Ich weiß freilich, daß man die Beweiskraft der so eben mitgetheilten Stellen aus den leges barbarorum dadurch zu beseitigen gesucht hat, daß man sie lediglich auf den Vertrag bezieht, welcher der Eigenthumsübertragung als causa praecedens dient [50]).

Allein diese Ansicht scheitert schon daran, daß, wie wir unten sehen werden, die traditio selber nur obligatorische Wirkung hat — also selbst nur die solennisirte Causa ist.

Aber auch ganz abgesehen von diesem erst unten zu erweisenden Satze stellt sich jener Einwand aus folgenden Gründen als unzulässig dar.

Alle uns erhaltenen Urkunden, mögen sie nun den Titel cessio, venditio, concambium oder welchen anderen führen, sind offenbar nicht Urkunden über einen bloßen Vertrag, diesen gedacht als etwas von der traditio Verschiedenes, sondern Urkunden über die traditio selbst. Man schlage nur beliebig eine Marculfische Formel auf, so wird man Wendungen darin finden, die unsere Behauptung außer Zweifel stellen. Z. B. trado de meo jure in tuum jus u. dgl. m. Daraus folgt offenbar, daß die Urkunden, deren die Volksrechte gedenken, ebenfalls als Urkunden über die traditio angesehen werden müssen. Was aber von den Urkunden gilt, muß unbedenklich auch für die Zeugen anerkannt werden, die ja mit jenen ganz auf eine Stufe gestellt werden.

---

[50]) So selbst Beseler a. a. O. S. 44.

Ueberdies spricht für die von mir vertheidigte Auffassung noch folgende Betrachtung.

In den einfachen Zeiten, deren Recht wir hier untersuchen, folgte gewiß der Vereinbarung, dingliche Rechte übertragen zu wollen, die wirkliche Uebertragung auf der Stelle nach.

Ein Bedürfniß den Vollzug der erstern zu sichern kann daher nur ausnahmsweise vorgelegen haben, die Zuziehung von Zeugen und Urkunden konnte daher in der Regel nur den Zweck haben, die erfüllte Vereinbarung, die wirklich vollzogene Uebertragung des dinglichen Rechts zu garantiren.

Dieser Zweck wurde aber schon vollständig erreicht durch die feierliche traditio selbst. Eben daher kann man auch nicht annehmen, daß man zu diesem Zwecke der Tradition eine durch Zeugen oder Urkunden solennisirte Vereinbarung habe vorangehen lassen. —

Mithin bleibt die Zuziehung der Zeugen und Urkunden zu dem Vertrag, diesen gedacht als etwas von der traditio Verschiedenes, ganz unerklärlich und also nichts übrig, als die Identificirung des (solennen) Vertrags mit der traditio selber.

Die bisher aus den Volksrechten geschöpften Zeugnisse bestätigen, wie auch schon von Beselern [51]) hervorgehoben worden ist, die Capitularien.

Cap. II. Caroli Magni a. 803, c. 6. Qui res suas pro anima sua ad casam Dei tradere voluerit domi traditionem faciat coram legitimis testibus. Et quae hactenus in hoste factae sunt traditiones, de quibus nulla quaestio, stabiles permaneant.

Cap. I. Caroli Magni a. 809, c. 26. De traditionibus ut in abscondito non fiant propter contentiones diversas [52]).

---

[51]) A. a. O. S. 41.

[52]) Daher mußte auch noch Karl der Gr. für das adoptare in filiorum locum besonders verordnen, daß sie nur von dem Könige oder dem Gerichte des Grafen oder missus angenommen werden sollten. Capit. Caroli Magni a. 803 sive de lege Ripuariense c. 7 (48). Qui filios non

Und auch darauf hat Beseler bereits genügend hingewiesen, daß die ältern Urkunden über Grundeigenthumsübertragungen meistens nur bemerken, „daß sie vor Zeugen geschehen seien und zwar häufig an Orten, welche wenigstens nur ausnahmsweise als Gerichtsplätze dienten." Und „nirgends kommt in allen diesen Fällen eine Andeutung vor, daß eine Wiederholung der so beschafften Tradition vor Gericht für nöthig gehalten worden wäre [53])."

Auch hat Häberlin's Bearbeitung von Meichelbeck's Urkundensammlung Beseler's Bemerkungen vollkommen bestätigt [54]).

Von den zuletzt betrachteten Zeugnissen scheinen wenigstens die Capitularien auch auf salfränkische Gegenden bezogen werden zu müssen. Hiernach würde also auch bei diesem Stamme das Erforderniß der Gerichtlichkeit schon frühzeitig seine Geltung verloren gehabt haben. Und wenigstens für diejenigen Gegenden, in denen das romanische Element seine Bedeutung behauptete, erscheint diese Veränderung auch sehr natürlich. Dagegen ließe es sich andererseits gar wohl denken, daß in dem alten Salierlande und in den Gegenden des Oberrheins und Mains, die nach salischem Rechte lebten, das Erforderniß der Gerichtlichkeit seine Geltung behauptete.

Vermuthlich würden die Resultate, die wir aus den Quellen des älteren deutschen Rechts ziehen zu müssen geglaubt haben, auch von jeher allgemeine Anerkennung gefunden haben, wenn man ähnlichen Grundsätzen für die spätere Zeit Geltung zusprechen zu können geglaubt hätte. Nun galt es aber als eine ausgemachte Sache, daß das spätere Recht aller Stämme die Mitwirkung des Gerichts bei der Veräußerung von Immobilien

---

habuerit et alium quemlibet heredem sibi facere voluerit coram rege vel comite et scabinis vel missis dominicis, qui tunc ad justitias faciendas in provincia fuerint ordinati, traditionem faciat.

[53]) Beseler a. a. O. S. 42.

[54]) Häberlin a. a. O. §§. 1—5. 7. 19.

erfordere und wenn diese Behauptung in den Quellen begründet wäre, so würde allerdings das Streben sehr gerechtfertigt scheinen, die älteren Quellen nach dem Inhalt der neueren zu deuten.

Allein, soweit ich sehe, bietet in der That das spätere Recht dieselbe Verschiedenheit dar, wie das ältere. —

Die französischen Verhältnisse kenne ich freilich nicht genugsam, um dies nachzuweisen und vermisse auch in den bis jetzt von Andern gegebenen Darstellungen Ausführungen, die genau genug wären, um die Sache vollständig ins Klare zu bringen [55]).

Für Deutschland glaube ich dagegen die Uebereinstimmung des spätern mit dem ältern Rechte allerdings nachweisen zu können und schließe eben daraus, daß gründlichern Kennern der französischen Quellen, als ich, für diese der gleiche Nachweis möglich ist. —

Die Gründe, welche zu der herrschenden Meinung Veranlassung gaben, waren ohne Zweifel folgende:

Die sächsischen Rechtsquellen, den Sachsenspiegel an der Spitze, sprachen das Erforderniß der Gerichtlichkeit mit solcher Bestimmtheit aus, daß keine Kritik ihr Zeugniß zu beseitigen vermag [56]). In Sachsen steht also allerdings auch in späterer Zeit jenes Erforderniß fest — aber nicht im Widerspruch, son-

---

[55]) Warnkönig a. a. O. S. 326 bemerkt z. B. nur die Auffassung sei anfänglich vor Zeugen, später vor Gericht erfolgt. Klimrath in der revue de legislation, Tome II, (1835) p. 385. 386 denkt sich dagegen die Sache gerade umgekehrt. Nachdem er die Cout. d'Artois ch. 24 §. 5—12 zum Belege der alten Sitte der Gerichtlichkeit der traditio beigebracht hat, fährt er also fort: Ces solennités rigoureuses, mais qui assuraient si bien la certitude et la conservation des droits réels, ne se maintinrent que dans les coutumes dites de saisine et de nantissement. Ailleurs on en dévia plus ou moins, admettant que la dessaisine se pouvait faire par lettres ou par instrumens ou par devant témoins etc."

[56]) Statt aller Zeugnisse stehe nur die Hauptstelle des Sachsensp. I, 52 §. 1. Ane — echte ding — ne mut nieman sin egen — geven.

dern zur Bestätigung der Auslegung der l. Sax. 15, die wir oben versucht haben. —

Dieses Zeugniß der sächsischen Quellen scheinen nun aber die beiden nichtsächsischen Hauptrechtsbücher, der s. g. Schwabenspiegel und das kleine Kaiserrecht vollkommen zu bestätigen.

Das erstgenannte Rechtsbuch enthält nämlich folgende, ohne Zweifel der Hauptstelle des sächsischen Landrechts nachgebildete Stelle:

Laßberg hinter art. 22 (Wackernagel 349). Ane des vogts ding mag nieman seyn eygen hin geben, das es krafft mug haben.

Und eben diesen Satz scheint auszusprechen folgende Stelle des kleinen Kaiserrechts:

II, 106. der gut hat verkoufft, es sy eygen oder erbe und hat burgen gesaczt, jar und tag recht werschaft zu tun, hat er dicz gut ufgegeben un vorzigen vor des Keisers ougen an dem tage und hat den dar in gesatzt, der es gekouft hat, nach keisers recht un alz in dez riches recht stet gescr. — — der hat sin burgen gelost u. s. w.

Die Worte vor des Keisers ougen scheinen nämlich sehr natürlich auf eine Auflassung im Landgerichte bezogen zu werden.

Diesen Stellen gegenüber müssen dann freilich die nichtsächsischen Urkunden späterer Zeit großes Bedenken erregen; denn nach ihnen scheinen Zeugen und Urkunden über Tradition genügt zu haben. Wenigstens für Baiern hat dies Häberlin in unwiderleglicher Weise dargethan — auch in späteren Zeiten war in dem Stifte Freisingen die Mitwirkung des Gerichts nicht erforderlich — Zeugen und Urkunden genügten. Und soweit ich hineingeblickt habe, führen die ostfränkischen und schwäbischen Urkunden zu demselben Ergebnisse. —

Häberlin [57]) nimmt daher geradezu einen Widerspruch zwischen dem schwäbischen Landrechte und seiner Quelle an, ohne den Versuch zu machen, ihn zu lösen. Und ein gleicher Widerspruch scheint zwischen den beiden obengenannten Rechtsbüchern und den fränkischen und schwäbischen Urkunden behauptet werden zu müssen.

Dennoch glaube ich, darf ein solcher Widerspruch nicht zugegeben werden. —

Die Stelle des kleinen Kaiserrechts kann jedenfalls in anderer Weise gedeutet werden. „Vor des Kaisers Augen" kann sehr gut auch bloß heißen: öffentlich vor Zeugen mit oder ohne Beurkundung; oder vielmehr jene Worte müssen sogar so verstanden werden nach folgender Stelle desselben Rechtsbuchs:

II, 92. Der gut hat gekoufft ader kouffen wil, der sal ez kouffen vor des Keisers ougen, daz ist vor den luten die da wiszen, wie der daz gut dar hat braht der ez verkouffen wil; und sal ez kouffen uf der lute wort und nicht uf dez der ez verkouffen wil, die sullen uf den eyt besagen, daz ers also dar habe bracht nach dez Keisers satzunge, daz ers mug verkouffen mit rechte.

Die Stelle nur soweit gelesen, könnte man etwa unter den „luten, die da wiszen wie der daz gut dar hat braht" die Landgerichtsschöffen verstehen.

Aber diese Erklärung wird offenbar unmöglich durch den folgenden Schluß den Stelle:

aber die lute die sullen hubener sin an der stat oder in dem dorffe, da daz gut gelegen ist; waz er dan schaden neme, den sollen die hubener uffrichten.

---

57) A. a. O. S. 204. „Von Mitwirkung des Gerichts bei Eigenthumsübertragungen ist in unsern Quellen (des 13. — Anf. 16. Jahrh.) im Widerspruch mit dem Schwabenspiegel auch jetzt noch nicht die Rede."

Was sodann die Stelle des Schwabenspiegels betrifft, so hat es mit dieser eine ganz eigne Bewandtniß. —

Soweit wir nämlich bis jetzt die Handschriften dieses Rechtsbuchs genauer kennen, stellt sie sich unverkennbar als ein späterer ziemlich vereinzelt gebliebener Zusatz dar.

Unter den von Wackernagel benutzten Handschriften hat sie nur eine, die Handschrift der Freiburger Stadtbibliothek aus dem 14. Jahrhundert. Dann der Foliodruck s. a. et l. Alle anderen, und gerade die ältesten und besten Handschriften, eben daher auch die Edition von Lahr, haben die Stelle nicht [58]).

Daraus folgt: daß der Unbekannte, der unter Zugrundlegung des sächsischen Rechtsbuchs den s. g. Schwabenspiegel ausarbeitete, gerade die Stellen des ersteren, welche die Mitwirkung des Gerichts für Auflassungen von Eigen vorschreiben, für unpractisch hielt, daß also der Schwabenspiegel in seiner ältesten Gestalt, weit entfernt das Zeugniß der Meichelbeck'schen Urkunden zu schwächen, dasselbe vielmehr vollkommen bestätigt. —

Dazu stimmt auch eine andere Stelle, die ich in Blumer, Geschichte der schweizer. Demokratien [59]) gefunden habe.

Stadt- und Amtbuch von Zug (Bl. 2). Wer der ist, der liegende gueter, wie die genant sint, verkoufft die in dem Ampt Zug gelegen sint, ald dar in gehoeren, die sol man uffgeben u. vertogen an offner fryer strasse ald (oder) an des richteres hand do denne die selben güter hin twing hörig sint.

Das Ergebniß einer vorurtheilsfreien Betrachtung der späteren Quellen nichtsächsischen Ursprungs wäre also dieses:

Alle Zeugnisse, mit Ausnahme eines unverkennbar spätern und particulären Zusatzes des Schwabenspiegels, wissen nichts von dem Erfordernisse der Gerichtlichkeit. Für die Regel we-

---

[58]) Vgl. die Noten Wackernagel's zu dem art. 349 seiner Edition. —

[59]) Th. I, S. 436.

nigstens kann dieses mithin auch für die spätere Zeit nicht zugegeben werden.

Damit bleibt aber natürlich unangetastet dasjenige, was oben über die Uebertragung nach Lehn- und Hofrecht bemerkt wurde, da. Ja da, wie Eichhorn [60]) zuerst gezeigt hat, das Stadtrecht ursprünglich nichts war, als ein erweitertes Hofrecht, so würde sich selbst eine Erweiterung des Grundsatzes der Oeffentlichkeit der Eigenthumsübertragung für die Städte gedenken lassen und gerade hiermit auch zugleich die Erklärung dafür gefunden sein, daß jener neuere Zusatz zum Schwabenspiegel, der vielleicht der Stadt Freiburg seinen Ursprung dankt, die Veräußerung von Eigen von der Mitwirkung des Vogtgerichts abhängig macht.

Vielleicht ist derselbe aber auch so zu erklären, daß sich in einzelnen fränkischen Gegenden das alte Recht der Gerichtlichkeit erhalten hat.

Die ganze bisherige Erörterung ist übrigens in gewissem Sinne nur eine einseitige. Denn sie faßt nur ins Auge den einen Akt der Übertragung dinglicher Rechte an Grund und Boden: die traditio. — Für diese ist gezeigt worden, daß sie keineswegs allenthalben mit Nothwendigkeit ein gerichtlicher Akt war.

So gefaßt, bleibt aber noch immer die nicht minder bedeutsame Frage: wie verhielt es sich nach den Quellen, die traditio und investitura scheiden, mit der letztern, war diese ein gerichtlicher, war sie bloßer Privatakt?

Die bisherigen Forscher haben leider dieser Frage nur sehr geringe Aufmerksamkeit geschenkt. Albrecht [61]) bemerkt bei der Erörterung der Wirkungen der traditio, die investitura sei ursprünglich ein außergerichtlicher Akt gewesen, damit stimmt Be-

---

[60]) In seiner berühmten Abh. über den Ursprung der städt. Verf. Ztschr. für gsch. R. W. Band I, Nr. 8, bes. S. 228 ff.

[61]) A. a. O. S. 66.

seler [62]) überein, der die gerichtliche Einweisung in den Besitz für eine spätere, allerdings aber schon früh aufkeimende Sitte erklärt.

Dagegen behauptet jetzt Gengler [63]), die Investitura sei von jeher ein Akt im Volksgericht gewesen. Nur Häberlin [64]) hat, freilich nur für das beschränkte Rechtsgebiet, das er bearbeitet hat, für Freisingen, darauf hingewiesen, daß die Solennitäten der traditio und investitura, was die Zuziehung von Zeugen und Urkunden betrifft, analoge waren. Und doch scheint mir gerade diese Ansicht die einzig haltbare. — Zu ihrer Begründung Folgendes:

I. Sowie die Belehnung durch den Herrn in Gegenwart von Mannen desselben geschieht,

Sächs. Lehn-Recht 55, §. 8: lenunge — sal geschien vor des herren mannen an den man is getüch hebbe. —

so bekömmt der „inwiser" zwei Mannen zum Zeugnisse des Aktes der Einweisung mit.

A. V. I, 30. Dominus cum primo suo homini bona concessa facit demonstrari in audientia duorum hominum suorum etc.

II. Das Landrecht angehend, so ist

1. ganz unzweifelhaft, daß diejenigen Quellen, welche die Tradition nur als gerichtlichen Akt kennen, auch nur gerichtlicher Einweisung in den Besitz erwähnen. Ein Blick in die oben aus den sächsischen Rechtsbüchern angezogenen Stellen beweist dies zu Genüge [65]). —

2. Andrerseits hat Häberlin [66]) für Baiern zur Evidenz nachgewiesen, daß hier wie bei der Tradition, so auch bei der

---

62) A. a. O. S. 43. 44.

63) A. a. O. S. 345.

64) Vgl. auch Richtsteig Lehnrecht 31, §. 1.

65) Vgl. die Stellen §. 1, Note 22.

66) A. a. O.

Investitur Zeugen erschienen [eine Urkunde von 843 erwähnt deren einmal vierzig [67])], von dieser, wie von jener in den Urkunden Zeugniß gegeben wird.

Es scheint mir hiernach unbedenklich angenommen werden zu dürfen, daß zwischen beiden Akten, traditio und investitura, hinsichtlich der Mitwirkung des Gerichts ꝛc. die größtmögliche Uebereinstimmung obwaltete.

Ich sage die größtmögliche. Denn eine kleine Abweichung ist natürlich zuzugeben.

Wenn nämlich nach besondern Rechten die traditio in dem echten Dinge vorgenommen werden mußte, so verstand es sich von selbst, daß sich bei der Investitur nicht die Gesammtheit der Gerichtsgemeindeglieder zu betheiligen brauchte. Es genügte, daß der Richter mit den Schöffen den Betheiligten, deren Erben oder sonst Interessirten zu dem Grundstücke folgte (gerade so wie nach Lehnrecht die Einweisung nur durch einen Boten des Herrn und zwei Zeugen geschah).

Man würde aber irren, wenn man deshalb die Form der Investitur für eine minder feierliche erachtete, wie die der Tradition.

Sowie im Falle handhafter That der Verletzte und die durch sein Zetergeschrei versammelte Menge eine That in das Gericht gleichsam hineinzutragen vermochten [68]), so genügte jene kleinere Versammlung in unserm Falle, um so zu sagen, das Gericht zu dem Akte der Besitzeinweisung herauszubringen.

Die Richtigkeit dieser Analogie mag folgende Stelle bezeugen, die ich aus Grimm's R. A., erste Hälfte, S. 188 entlehne:

Frankenb. Stat. bei Schminke 2, 741 (a. 1493): so sal der richter mit den scheffin und gerichts knechten ufstehin

---

[67]) Meichelbeck hist. Fris. Tom I, pars 2 (instr.) no. 629. (Abgedruckt oben §. 1, Note 15.)

[68]) Planck in der Ztschr. für d. R. B. X, Nr. 9, S. 224 ff.

unde das gericht nicht ufgebin sundern mit dem clegir gehin in die husunge adir uf das erbgut u. s. w.

Hie und da schient aber wirklich ein Hineinbringen der Investitur in das Gericht vorgekommen zu sein. So verstehe ich die §. 1, Note 16 mitgetheilte Stelle des Gulathings-Gesetzes. Nach ihr wurde zuvörderst in der Volksversammlung der Verkauf abgeschlossen. Dann lud der Käufer den Verkäufer nach Hause — occupirte hier das erworbene Besitzthum durch Ergreifen der Erdschollen, brachte dann diese in das Gericht zurück und bekam sie hier von dem Richter in den Schooß geworfen. —

Den Schluß dieser Erörterung mag noch ein Wort über die Bedeutung der Urkunden bei Uebertragungen des Eigenthums an Immobilien bilden.

Man hat bekanntlich häufig gefragt: ob und inwiefern die Urkunden die andern Förmlichkeiten ersetzen könnten? [69]) Es will mir aber dünken, daß die Frage selbst der hinreichenden Klarheit und Schärfe entbehre.

Wenigstens für die ältere Zeit haben wir uns die Urkunden stets zu denken als vor Gericht oder mindestens vor Zeugen verfaßte.

Die Errichtung einer Urkunde schloß mithin in der That bereits die Formen der traditio ein, die Frage, ob eine Urkunde diese ersetzen könnte, ist mithin gar nicht anders, als bejaend zu beantworten.

Umgekehrt ist es evident, daß die Errichtung einer Urkunde über die Veräußerung, geschehe diese noch so feierlich, an sich (d. h. ohne die Voraussetzungen eines constituti possessorii) keinen Besitz zu übertragen vermag, mithin ist nicht minder gewiß, daß dieselbe an sich die investitura nicht zu ersetzen vermochte.

Eine andere Frage ist es aber, ob nicht die Errichtung einer

---

[69]) Ueber diese Frage vergl. insbesondre Beseler a. a. O. S. 44 ff.

Urkunde neben der Zuziehung des Gerichts oder der Zeugen nothwendig war?

Diese Frage möchte ich für die Regel verneinen. Doch kann nicht verkannt werden, daß Ausnahmen von der Regel vorkamen, z. B. nach l. Bajur. I, §. 1 und l. Alem. I, §. 1 bei Vergabungen an die Kirche, wie wir bereits oben bemerkt haben. —

Ich habe bisher die Ansicht, daß das deutsche Recht hinsichtlich der Frage über die Mitwirkung des Gerichts nicht zu allen Zeiten und für alle Stämme dasselbe war, nur äußerlich begründet, es soll nunmehr aber auch noch der Versuch gemacht werden, dieselbe auch ihrem innern Wesen nach zu erklären.

Noch nach den Rechtsbüchern des Mittelalters zeichnete sich das Proceßrecht des sächsischen Stammes durch die Eigenthümlichkeit aus, daß ihm materielle Beweismittel im Sinne des heutigen Proceßrechts fast gänzlich fehlten. Das feierliche Wort der Parthei, in der Regel des Angegriffenen, bald mit, bald ohne s. g. Eideshelfer, trat an die Stelle der modernen Zeugen und Urkunden, und nur eine Ausnahme von dieser Regel kam vor: das Zeugniß des Gerichts trat als materielles Beweismittel jenem formellen nicht nur zur Seite, sondern es hatte sogar die Kraft, das Recht des Angegriffenen, den Angriff durch seinen Eid zurückzuweisen, seiner Geltung zu berauben [70]).

Es versteht sich von selbst, daß diese Grundsätze des späteren Proceßrechts der Sachsen bei diesem Stamme auch in ältern Zeiten anerkannt gewesen sein müssen, aber es liegt selbst die Vermuthung nahe, daß sie ursprünglich ein Gemeingut des ganzen deutschen Volks waren, ja bei einigen deutschen Stämmen könnten sie noch in den Zeiten der Entstehung der ältesten ll. barbarorum praktisch gewesen sein.

Auf der andern Seite ist aber auch nicht zu bezweifeln,

---

[70]) Planck Ztschr. für d. R. Bd. X, H. 2, Nr. 9. S. 205 ff.

daß die Sachsen in den Zeiten der Rechtsbücher mit ihrem alten Proceßrechte ganz isolirt standen, noch mehr, die leges der meisten Völker enthalten nicht undeutliche Spuren davon, daß das materielle Beweisrecht, wie wir es in dem modernen Processe finden, schon damals das alte Princip des formellen Beweises, wenn nicht ganz beseitigt, doch gar sehr erschüttert hatte [71]).

Mit diesen processualischen Entwicklungen des deutschen Rechts scheint mir nun auch die hier in Frage stehende Verschiedenheit der Formen der Uebertragung des Grundeigenthums zusammenzuhängen.

Die Formen rechtlicher Geschäfte, mögen sie nun aus freiem Belieben der Betheiligten oder aus einer rechtlichen Nothwendigkeit hervorgehen, werden sich immer nach den Formen des materiellen Beweises richten [72]).

Eben diese mußten daher insbesondere auch maßgebend sein für die Form der Uebertragung des Eigenthums und diesem verwandte Rechte an Grund und Boden.

Völker, die kein anderes materielles Beweismittel anerkennen

---

[71]) Die Frage, inwieweit die Grundsätze, welche Planck für die Sächs. Rechtsbücher nachgewiesen hat, in den Zeiten der ll. barbarorum noch allgemeinere Geltung hatten, bedarf erst noch einer besonderen Untersuchung, die hier natürlich nicht unternommen werden kann. — Daß sie aber schon damals bei vielen Völkern wenigstens keine unbedingte Geltung hatten, beweist schon die Zusammenstellung bei Eichhorn d. St. u. R. G. I, §. 77. 78.

[72]) Die Richtigkeit unsers Satzes im Allgemeinen beweist schon Sächs. Land-R. I, 7. Sve icht borget oder lovet, die hab't gelden unde svat he dut, dat sal he stede halden. Wil he is aver versaken dar na he untvort it ime mit sinem ede, svat he vor gerichte nit gelent ne heret. Svat he aver vor gerichte dut, des vertüget en de sakeweldige mit tven mannen unde de richter sal de dridde sin.

Wie genau übrigens die Form der Rechtsgeschäfte und die Form des Beweises derselben sich entsprachen, mag man noch aus Richtsteig's Lehnrecht 29, §. 4. 31, §. 1 mit dem oben citirten A. V. I, 30 entnehmen:

Es wird hier gefragt, wie man die Beweisung beweisen möge. Die Antwort lautet: „med twen des herren mannen.“

kannten, als das Gerichtszeugniß, wie die Sachsen und wohl auch noch die alten Franken, konnten sich auch die traditio und investitura nur als gerichtlichen Akt denken.

Völker, die auch Zeugen und Urkunden die Bedeutung beilegten, die bei jenen nur dem Zeugnisse des Gerichts zukam, — und dahin gehörten schon in den Zeiten der Völkerwanderung beinah alle anderen Stämme — mußten dagegen sehr natürlich diese mildern Formen auch bei der Veräußerung dinglicher Rechte an Immobilien für zureichend, die Mitwirkung des Gerichts nur noch für nützlich, nicht aber für nothwendig erachten. —

In dieser Weise lassen sich, wie ich glaube, die Ergebnisse unserer Quellenforschung auch innerlich begründen. —

§. 4.

Symbole der Tradition und Investitura.

Ein zweiter Punkt, mit dem sich unsere Erörterung über die Formen der Uebertragung dinglicher Rechte an Grund und Boden zu beschäftigen hat, ist die Anwendung der Symbole bei den Akten der traditio und investitura.

Auch dieser Punkt ist bisher meist sehr mangelhaft behandelt worden.

Zwar die sinnliche Seite dieser Frage ist von Grimm[73]) mit einer Gründlichkeit dargelegt worden, die von Niemandem, als von ihm selber so leicht übertroffen werden wird.

Aber die eigentliche juristische Seite lag diesem Forscher ferne, und die Juristen haben bis jetzt die Lücke seiner Darstellung nicht ausgefüllt.

Wie die Aeltern traditio und investitura nicht schieden, so

---

[73]) D. R.-A. erste Hälfte, S. 109 ff.

schieden sie natürlich auch nicht Symbole der Tradition und Investitur [74]).

Beseler [75]) hat das Verdienst, zuerst hervorgehoben zu haben, daß der Gebrauch der Symbole nicht bloß bei der Tradition, sondern auch bei der Investitur als einem von jenem verschiedenen Akte hervortritt.

Auch er ist jedoch — wofür allerdings die bloße Gelegentlichkeit seiner Erörterung über Auflassung zur Entschuldigung dienen mag — nicht tief genug in die Sache eingegangen.

Die erste durchaus gründliche Erörterung des Sachverhaltes hat erst Häberlin [76]) gegeben, dessen treffliches Buch von den Meisten viel zu wenig beachtet worden ist.

Die Ergebnisse seiner Forschung sind Folgende: Bei der Tradition werden Symbole „theils nur selten erwähnt, theils aber, wenn jenes der Fall ist, so genau beschrieben, daß man leicht das Fremdartige und Ungewöhnliche der Handlung daraus erschöpft." Dagegen „bei der Investitur scheinen die Symbole mehr Glück gemacht zu haben, als bei den Traditionen, denn wenn eine Investitur etwas ausführlicher beschrieben und nicht bloß mit ein Paar Worten die Vollziehung derselben am Schlusse erwähnt wird, so geschieht auch der Symbole Erwähnung, aber nicht wie bei Traditionen in einer umständlichen Beschreibung, sondern als einer bekannten Sache, nur mit zwei Worten, weßhalb die Art und Weise, in welcher die Symbole bei der Investitur gebraucht wurden, sich nicht ganz genau beschreiben läßt."

Eine durchaus erschöpfende Erörterung unserer Frage wird nun freilich auch nicht wohl möglich sein, so lange nicht alle

---

[74]) Auch hier mag statt aller andern Gewährsmänner nur Eichhorn St. u. R.-G. §. 59 a genannt werden.

[75]) A. a. O. S. 30.

[76]) A. a. O. S. 20 ff.

Urkundensammlungen sich einer so gründlichen Bearbeitung zu erfreuen haben, wie die Meichelbeck's durch Häberlin [77]).

Soweit aber das von Grimm [78]) gesammelte Material Licht über unsere Materie verbreitet, scheinen die folgenden Sätze aufgestellt werden zu müssen. —

Es sind zweierlei Symbole der Eigenthumsübergabe zu unterscheiden:

1. Symbole, die schon ihrer äußern Gestaltung nach nothwendig als Vertreter der Sache selbst erscheinen, dahin zähle ich insbesondere: die Erde (das Gras), den Ast, den Stein, das Seil, den Tisch, den Stuhl, die Thüre [79]).

---

[77]) Schon Beseler a. a. O. Vorrede S. XIII, bemerkt sehr richtig: „es kann nicht verhehlt werden, daß für den Zeitraum, welcher zwischen den Capitularien und dem Sachsenspiegel in der Mitte liegt, die Urkunden fast die einzigen Quellen des Privatrechts sind, so daß Forschungen, welche sich über die Verhältnisse der bezeichneten Periode erstrecken, meistens in der schwierigen Lage sich finden, aus einzelnen nicht immer vollständig beglaubigten Nachrichten ein Ganzes zusammenstellen zu müssen. Diese Schwierigkeit berechtigt aber nicht dazu, wie es wohl geschehen ist, eine Periode von fast 4 Jahrhunderten, worin ein rüstiges Volk vorwärts strebend sich bewegte, zu ignoriren und nur die beiden Elemente zu verknüpfen." Ich denke, die gegenwärtige Abhandlung wird überdies gezeigt haben, daß selbst das Verständniß des jenem Zeitraum vorangehenden und nachfolgenden Rechts gar wesentlich bedingt ist durch die Kenntniß des Rechtszustandes, von dem uns die Urkunden Kunde geben. Eine Arbeit, wie die von Häberlin unternommene, kann daher gar nicht hoch genug angeschlagen werden, sie wird aber freilich ihre volle Anerkennung erst dann erlangen, wenn sie nicht mehr vereinzelt dasteht. Da indessen eine Bearbeitung der sämmtlichen wichtigen Urkundensammlungen die Kräfte eines Einzelnen übersteigt, so wäre nichts sehnlicher zu wünschen, als daß einer der Koryphäen des deutschen Rechts die vereinzelten Kräfte für dieses Unternehmen unter seinem Banner vereinigte.

[78]) A. a. O.

[79]) Ich übergehe Fahne, Speer, Schwert, die hinsichtlich der Uebertragung eines öffentlichen Amts oder einer öffentlichen Gewalt freilich den Gegenstand der Uebertragung vertretende sind, so wie hinsichtlich dieser Gegenstände auch der Stab nicht der ersten, sondern der zweiten Klasse angehört. — Daß auch der Handschuh (Bieberhandschuh) biswei-

2. Symbole, die ihrer äußern Erscheinung nach als Repräsentanten der Sache gelten können. Dahin gehören, um nur die gebräuchlichsten zu nennen: die festuca [bekanntlich nicht die Aehre, sondern der ährenlose Halm [80])], der Stab, die Finger, der Handschuh, das Messer.

Symbole der letztern Art kommen nun allerdings von jeher bei allen Völkern auch bei der Tradition vor.

So bei den Franken die festuca [bald mit bald ohne den räthselhaften ande-lang [81])]. Bei den Baiern, Alemannen, Langobarden eben dieses Symbol. Dagegen bei den Sachsen die incurvati digiti, in einzelnen Theilen Sachsens vielleicht auch schon frühzeitig der Handschuh.

Symbole der 1. Klasse scheinen dagegen bei der traditio ursprünglich nicht vorgekommen zu sein. Wohl aber bei der investitura, bei dieser war stets entweder die Ueberreichung eines Rasenstücks rc., das Setzen auf einen Stuhl, das Ergreifen des Thürrings üblich.

Erst in spätern Zeiten sehen wir die Symbole, die ursprünglich nur bei der Investitur vorkamen, auch auf die Tradition übertragen, und zwar geht diese Veränderung, soweit uns Einsicht in dieselbe gegeben ist, Hand in Hand mit dem Schwinden der feierlichen investitura des ältern Rechts.

Dieses sind die Sätze, die jetzt noch etwas genauer begründet werden sollen.

Daß die Ueberreichung des Halms bei allen Völkern, mit Ausnahme der Sachsen, von jeher als Traditionssymbol vorkam [82]), ferner: daß bei den Sachsen die digiti incurvati [83]), in

---

len die Sache selbst vertrat, hat schon Häberlin a. a. O. bemerkt, doch möchte dies die Ausnahme gewesen sein.

[80]) „Nicht die Aehre (spica, arista), sondern der geknotete, gegliederte Stengel des geschoßten Korns (culmus geniculatus, nodatus; dat korn hevet ledekene S.Sp. 2, 61).“ Grimm a. a. O. S. 121.

[81]) Vgl. über diesen Grimm a. a. O. S. 196 ff.

[82]) Grimm a. a. O. S. 121 ff. S. 196 ff.

[83]) Grimm a. a. O. S. 140 ff.

einzelnen Theilen Sachsens auch wohl der Handschuh an die Stelle des Halmes traten [84]), dafür hat Grimm die reichlichsten Belege gesammelt; dabei verweile ich also nicht.

Eben so gewiß ist es aber, daß Symbole, die die Sache selbst repräsentirten, ursprünglich bei der Tradition nicht gebraucht wurden. Dies beweist für das ältere fränkische Recht ein Blick in die lex Salica [85]) und die formulae [86]). Und im eigentlichen Deutschland hat sich diese Sitte noch sehr lange erhalten, wie die Urkunden der Franken, Baiern, Alemannen, wie der Sachsen aus späterer Zeit bezeugen, denn nirgends oder nur ganz ausnahmsweise erwähnen die Urkunden der zuerst genannten Völker eines andern Symbols, als des Halms, die des zuletzt genannten Volks eines andern, als der Finger oder etwa des Handschuhs [87]).

---

[84]) Grimm a. a. O. S. 152 ff.

[85]) Die Stelle des salischen Gesetzes über Affatomie, oben §. 1, Note 10, kennt nur den Halm als Traditionssymbol.

[86]) Die formulae Lindenbrog. erwähnen stets nur eines tradere per scripturarum seriem seu per fertucam et andelangum. Vergl. form. Lind. 18. 55. 57. 58. 75. 82. 127. 152. (nur form. 183 erwähnt einer Tradition per meos wadros aut andelangos).

[87]) Indem ich bezüglich Baierns auf Häberlin verweise, erlaube ich mir zum Belege für die Rechtssitte der andern Völker folgende Zusammenstellungen :

I. Franken.

1. Auszüge aus lateinischen Urkunden (bei Grimm S. 124.):

omnem exactionem (in homines proprios) cum manu et festuca abdicavit. Schannat vind. lit. I, 43 (a. 1099).

proprietati in eisdem praediis et mancipiis stipula abrenuntiantibus. Gudenus 1, 379 (a. 1074).

manu et stipula abdicare. Schannat vind. 1, 46 (Eing. d. 12. Jahrh.).

calamum projiciendo, ut mos est in populo se in eadem terra quidquam juris ulterius habituros omni modo respuerunt. Hontheim 1. proleg. LIV (a. 1185).

eisdemque bonis effestucantes renuntiamus. Gud. 3, 861 (a. 1206).

exfestucando renuntiavit. Wenck 2, 166 (a. 1263).

et his omnibus renuntiamus et manu et calamo effestucamus. Avemann hist. Kirchb. app. p. 116 (a. 1264).

abrenuntiantes et effestucantes. Gudenus 3, 798 (a. 1273).

more scotationis, per porrectionem calami tradiderunt. Schoepflin no. 893 (a. 1314).

vendiderunt, tradiderunt et liberi resignaverunt per porrectionem calami, ut est moris, quae more schottationis secundum consuetudinem civitatis et dioecesis argentin. pro traditione habetur id. no. 877 (a. 1314).

decimam per calami exhibitionem in manus sculteti, ut moris est — resignavit. Johann. ur. mog. 2, 278 (a. 1342).

proprietatem — ore, manu et jactu calami, ut est moris emptoribus renuntiantes. Eccard fr. orient. 1, 572 (a. 1344).

2. Auszüge aus deutschen Urkunden (bei Grimm S. 125).

eigenschaft ufgeben mit eim halmen als das gewönlichen ist. Schilter gloss. 543 (a. 1296).

huben eignen u. freien — — mit vorschiefsung der halme. Schöttgen und Kreyssig Nachl. 2, 342 (Henneb. Urk. v. 1328).

den kaufern ufgeben mit munde u. vorschiefsen mit hande u. halme als sittlich u. gewonlich ist. Eccard. Fr. orient. 1, 572 (a. 1357).

mit halme u. munde. Ritz 1, 90 (a. 1366).

mit mund, hand u. halm. Bodmann S. 889 (a. 1399).

aufgegeben mit munde unde sich des verzehen u. abgethan mit hand u. halme nach gewonlichen sitten in Frankenlande. Lünig Reichsarchiv p. spec. ant. 2 suppl. 2, p. 27 (a. 1406).

mit munde, hand u. halme. Beschreibung von Hanau 1720 p. 109 (a. 1410).

ufgeben mit einem halm, mit hande u. mit munde, offenlichen an des riches strassen als gewonlich ist. Oberlin 597 (a. 1324).

mit halme u. munde bevelhen. Hanauer Doc. p. 136 (a. 1442).

mit munde, hand u. halm. Falkenstein cod. dipl. no. 285 (a. 1447).

mit des halmes ufgabe als gewönlich ist. Oberlin l. c. (a. 1450).

mit mund, hand, halm ufgeben. Fischer 2, 222 (a. 1467).

sich mit hand u. halm der gerechtigkeit an aigen vorzihen. Siebenkäs Beitr. 1, 219 (a. 1491).

mit munde, worten u. halm. Boden, S. 647 (a. 1498).

alle verzicht, vermächtniss und übergab an unserm landgericht mit mund u. halm übergeben. Henneb. Landr. 2, 10, 1.

Junker M. v. Hohenstein will seine gueter an Johann seinen bruder abtreten u. geht vor gericht. als hait der schultheisse einen halmen aufgehaben u. hait gesprochen : junker, grift an den halmen u. gebet in uwerm broder Johan. Boden, S. 647 (a. 1502).

darauf nahm Stargard zu stunt desselben tagis mit gesundem lip, unbetwungen, einen halm in sin hand u. gab den dem schultheiszen in sin hand u. bat in, daz er von sinen wegen der eptissin scheffner das gut gebe u. in uz dem gut seste.

zehend, mit **mund**, **hand**, **halm**, als in diesem land herkommen ist verschossen. Wertheim. Akt. 2, 289 (a. 1509).

II. Sachsen.

1. Für die Ausschließlichkeit des Symbols der incurvati digiti bei der Tradition folgende Zeugnisse bei Grimm S. 141:

ex lege Saxonum donationem ore laudavit et **digito** confirmavit. Haltaus 459 (a. 1088).

confirmationem **digito**, ut mos est Saxonibus, fecit. Lindenbr. sec. septentr. p. 147 (a. 1088).

tradens praedia cum elevatione **digiti**. Leukfeld. ant. halberst. p. 703 (a. 1114).

fecit abnegationem praedii **incurvatis digitis** secundum morem Saxonum. Schannat. vind. lib. 1, 41 (post a. 1024).

investituram cum **digito** sicut mos est promisit. Möser Osnabr. G. 2, 241 (a. 1049).

ore et **digito** renunciare Kindl. 3, 163 (a. 1226).

Diesen Zeugnissen sind auch beizuzählen folgende Stellen (bei Grimm S. 139):

fide **manuali** data confirmantes. Kindl. 3, no. 62 (a. 1226).

in figura judicii ore et **manu** resignavimus. Kindl. 3 no. 152 (a. 1352).

uplatinge gedan mit **handen** u. mit **munden**, als wonlik u. recht is. Kindl. 3 no. 2 (a. 1486).

2. Dafür, daß in einigen Theilen Sachsens der Handschuh (aber doch kein das Grundstück repräsentirendes Symbol) die incurvati digiti ersetzte, scheinen dagegen zu sprechen: mehrere hoch hinaufreichende Zeugnisse bei Grimm, S. 152:

super reliquias — cum **chirotheca**, sicut mos est Saxonibus, tradidit curtem. Haltaus 459 (a. 1088).

hereditatem fratris cum **cyrotheca** de manu comitis Henrici de Northeim recepit. Leukfeld antiq. Bürfeld, p. 9 (a. 1093).

3. Ob anderwärts von jeher der Hut in ähnlicher Weise, wie die Handschuhe, benutzt wurde, bleibt dagegen zweifelhaft. Denn das älteste Zeugniß, sächs. Ursprungs, über den Gebrauch dieses Symbols ist:

hereditatem contulimus — **pilleolo** nostro investivimus. Menken 2, 452 (a. 1200).

Erst im 14., besonders aber im 15. Jahrh. wird dieses Symbols häufiger bei der Tradition gedacht, so schon die Stelle des Verm. Sspgl. (oben §. 1. Note 10), womit zu vergleichen sind: die Urkunden bei Grimm S. 148 f.

III. Schwaben. Für diesen Stamm haben Grimm's Untersuchungen nur geringe Ausbeute gegeben. Was ich bei ihm gefunden habe, ist nur Folgendes:

cum sua **wanta** potestative tradidit. Neugart 549 (a. 884.

„In der Schweiz galt das Symbol des Stabs bei Bauerlehen: der

Wohl aber kamen Symbole [88]) der so eben bezeichneten Art von jeher als Investitursymbole vor. So schon in den formulis traditoriis [89]), so in den ältern Urkunden aller deutschen Stämme [90]).

Später [91]) sind aber allerdings die Investitursymbole zu Traditionssymbolen geworden. —

Das beweisen unwiderleglich die französischen coutumes für Westfranken [92]). Auch ist es gerade für Westfranken ganz klar, daß diese Veränderung Hand in Hand mit dem Schwinden der Investitur ging.

Für Deutschland lassen sich dagegen nur sehr vereinzelte Zeugnisse dieser Veränderung beibringen [93]), es scheint nämlich,

---

Ammann nahm einen Stab aus der Hand des alten Besitzers und gab ihn dem neuen." Grimm a. a. O. S. 133, 134 (unter Berufung auf Conz G. v. St. Gallen 2, 183 a. 1376)

vendidit bona quaedam bei Vasen und bei Zwy, Crusius Ann. Suev. p. 216 (a. 1223).

[88]) Hierher gehört auch die Gästebewirthung der lex Salica über Affatomie.

[89]) S. oben §. 1, Note 6.

[90]) S. oben §. 1 Note 23.

[91]) Ich weiß wohl, daß in westfränkischen und longobardischen Urkunden bei Dücange und Grimm schon frühzeitig Symbole der mannigfachsten Art neben oder statt der festuca vorkommen. Allein es bedarf erst noch der Untersuchung, ob die traditiones, vestiturae, auf die sich diese Urkunden beziehen, traditiones im Sinne der formulae traditoriae oder traditiones ohne Besitzeinräumung sind. Ich selbst habe diese an und für sich sehr interessante Untersuchung nicht unternommen, weil sie mich in Gebiete geführt hätte, die mir gegenwärtig noch zu ferne liegen, und weil ihr Ergebniß, es sei welches es wolle, für die gegenwärtige Erörterung jedenfalls nur untergeordnete Bedeutung hat, da über das ältere Recht durch die Zeugnisse Note 85 und 86, für das spätere Recht durch die Zeugnisse Note 92 und 93 volle Gewißheit vorliegt, mithin nur noch das Alter der Aenderung genauer bestimmt werden muß.

[92]) Warnkönig a. a. O. S. 326.

[93]) Am deutlichsten und frühesten ist die Aenderung für Flandern bezeugt (Grimm, S. 113), besonders durch:

daß selbst da, wo die Investitur im ältern Sinne schwand, gewöhnlich keine Häufung der Symbole der Tradition eintrat; wenigstens für einzelne Gegenden kann dies mit voller Sicherheit nachgewiesen werden [94]). —

§. 5.

Friedewirken. Dreitägige Session.

Noch zweier anderer Förmlichkeiten der Eigenthumsübertragung mag hier kurz erwähnt werden: des Friedewirkens und der dreitägigen Session.

Wendelinus ad l. Sal. s. v. festuca. Cum fundus vel donatus vel venditus vetus ejus dominus cespitem ex illo fundo fodit cultro, non quadratum, sed orbiculatum, latum quoque versus digitos IV, cui si pratum est, infigit herbam, si ager ramusculum, IV circiter digitos altum, hac imagine fundum repraesentans, uti optimus maximusque est cum eo scilicet omni, quod solo continetur quodque in illo naturaliter crescit, hunc cespitem defert traditque in manum domini seu mejoris (Meiers, villici). Mejor deinde acceptum cespitem cum sua festuca tradit emtori vel donatario sub his verbis: ego illum fundum mihi per N. in manus praesentes deportatum in manus trado et immitto te in realem, actualem et corporalem possessionem.

Außerdem gehört aber hierher für eine rein deutsche Gegend:

Erbacher Land-R. v. 1520. der verkäufer sol sine werschaft tun u. dem schultheiss ein zweig reichen. darnach nimpt der sch. den zweig u. spricht zum käufer: begerstu den zweig u. eines solchen erbs? wirt geantwort, ja, sagt der sch.: so reich ich dir den zweig mit solchem erb u. thue dir dasselbige in fried u. bann, das dich niemand ande u. irre, er thue es dan mit recht, wie der grafschaft Erpach ordnung u. herkommen ist, geb dir darczu weg u. steg, hinder dir u. für dir. der käufer sol den zweig nemen.

[94]) Z. B. Verm. S.-Sp. I, 25 pr. I, 39, 5. oben §. 1, Note 21.

Des erstern gedenken am ausführlichsten die sächsischen Rechtsbücher [95]), doch kam die Sitte auch anderwärts vor [96]).

Nach jenen wird der Friede gewirkt bald auf der Sache selbst (so nach den ältern Quellen, die noch neben der Tradition die feierliche Einweisung in den Besitz durch das Gericht kennen) [97]), bald im Gerichte (so nach denjenigen, in denen die alte investitura nicht mehr erwähnt wird) [98]).

---

[95]) Verm. S.-Sp. I, 25. pr. (den Anfang dieser Stelle s. oben §. 1, Note 21).

dornoch so sal im der richter vrede wirken . . So spreche der richter — dese wort, hie hot henrich Bunrat vorkawt das eigen adir haws adir hoff adir was is ist u. hot ym das uffgelassen mit munde und mit vingere u. hot en das allhie gewert als recht ist u. gebiete das hie uff vor gerichte czu dem irstenmale czu dem andern male u. czu dem dritten mol; hot ymant doruff czu vorsprechin, der beluthe sinen ansproch adir swige immer stille, hot her nicht rechtis doreczu. Wirt is denne nicht wedirsprochin, so spricht her vort ; das besetze ich mit richtis craft u. mit allen dinghe luten das nicht hie wedirsprochin ist u. wirke hirobir gotis frede u. gerichts frede czu einem mole, czu dem andern mole u. czu dem dritten mole.

[96]) Urk. bei Bodmann S. 647 (a. 1502) (den Anfang oben §. 1, Note 18.) Nachdem es geschehen ist spricht zu beiden der schultheiss : begerent ir mins gn. herren rechte ubir solche gift? da habent si beide gesprochin : ja. So thun ich uch ban u. fride über solche gift, von mins gn. herren wegen u. von des gerichts wegen, dass uch niemant hindere an solicher gift, er neme denn, was XIV scheffen sprechen vor eime rechte u. erlube uch, junker J., soliche güter u. verbiete sie allermennichlichen.

[97]) Goslar. Stat. 494, 24, 25 (Verm. Sächs.-Sp. I, 39, 4. Pölmann Handb. IX, 17, 4. s. oben §. 1, Note 21).

[98]) Verm. S.-Sp. I, 25 pr. (§. 1 Note 21 und diesen §. Note 95.) Verm. S.-Sp. I, 39, 5. (Pölmann IX, 7, 5.)

Pölmann IX, 17, 2. Wenn man — ein Erbfride wircken sol, das sol man thun auf der wehre nach Keyserrechte, aber nach Lantrechte u. Weichbilte sol man das tun vor Gericht vor gehegeter Dingbanck an rechtem Dingtage mit versprechin u. mit urteiln u. in keinem afterdinge.

Auch der sessio triduana gedenken sowohl sächsische [99]), als nichtsächsische [100]) Zeugnisse.

Das Friedewirken geht ihr, auch in den Quellen, nach denen es auf der Sache selbst geschieht, in der Regel voraus [101]). Bisweilen findet sich aber eine doppelte Session und dann fällt jener feierliche Akt des Richters zwischen beide Sessionen in die Mitte [102]).

§. 6.

Die Wirkungen der traditio und investitura.

Daß nach denjenigen Rechten, welche der Tradition überhaupt keine feierliche Investitur folgen ließen, die Dinglichkeit der Berechtigung schon durch jene, nicht erst durch diese begründet wird, halte ich für ausgemacht.

Für Welschland — Frankreich und Italien — ist dies m. E. auch noch von Niemandem bestritten worden. Dagegen hat neuerlich Homeyer [103]) für das Gebiet des sächsischen

---

[99]) Urk. v. J. 1170 (Wigand Fehm- G. S. 224). Itaque conveniens ad placitum (femina) cum consensu mundiburdi sui et heredum suorum eandem traditionem confirmavit secundum justitiam regionis illius. His ita gestis, judex praecepit praeconi, ut praefata possessione me investiret; qui introduxit me cum multis nobilibus et liberis, qui appellantur scepenen et posita sella quaesivit, quo ordine me investire deberet? Demum novies regali banno eam nobis confirmavit et sic triduana sessione, sicut moris est, ditioni nostrae dedicavimus.

[100]) Meichelbeck hist. Fris. I, 2. no. 539 (a. 829.) et illum supradictus A. legaliter per postem et superliminarem domus legaliter vestivit, exeunte A. introduxit C. et ipse C. in domo legaliter sedebat tribus diebus et tribus noctibus.

Neugart no. 45 (a. 766.) et posthac nos exuti de omni re paterna nostra revestivimus Wolframmum monachum et missum ipsorum per tribus diebus et per tribus noctibus.

[101]) Vgl. die Stelle Note 99.

[102]) Vgl. die Stellen Note 97.

[103]) Sachsen-Sp. Th. II. Bd. 2, S. 418.

Lehnrechts den Gedanken ausgesprochen, daß die vollendete Dinglichkeit des Rechtes des Mannes — das Recht der Folge und Vererbung erst durch die wirkliche Besitznahme des Gutes begründet worden sei. Ich vermisse aber durchgreifende Gründe für seine Behauptung — denn daß das Sächsische Lehnrecht [104]) für den verwandten Fall der Vererbung das Recht der Besitzergreifung aus der juristischen Gewere durch Erbgang herleitet, daraus folgt doch nicht, daß dasselbe die einzige Wirkung der letztern (der juristischen Gewere durch Erbgang, resp. Auflassung) ist. Ich nehme daher unbedenklich an, daß das sächsische Lehnrecht hier mit den fremden Rechten übereinstimmte.

Wie stellt sich nun aber die Sache nach denjenigen Quellen, welche der Tradition die förmliche Einweisung in den Besitz durch den Richter oder den Betheiligten folgen lassen? Geht auch nach diesen das dingliche Recht schon durch Tradition oder geht es erst durch Investitur über?

Albrecht [105]), welcher diese Frage zuerst aufgeworfen und zu beantworten gesucht hat, bekennt, wie zweifelhaft die Entscheidung sei.

Das frühzeitige Vorkommen der investitura in der Bedeutung traditio, scheint ihm ein gewichtiger Grund für die Ansicht, daß nach älterm deutschem Rechte die traditio ohne investitura das dingliche Recht übertrug. Doch entscheidet er sich zuletzt für die entgegengesetzte Ansicht aus zwei Gründen:

„einmal dem: daß die Einweisung in den Besitz von dem auctor geschähe, nicht wie späterhin von dem Richter, auf einseitige Bitte des Erwerbers,

zweitens dem, daß es noch im spätern Mittelalter einige

---

[104]) Sächs. Lehn-R. 6, §. 1. die vader erft uppe'n sone die gewere des gudes mit sament deme gude; dar umme ne bedarf die sone nicht, dat man ime des vaders gud bewise.

[105]) A. a. O. S. 65. 66.

Rechte gab, welche die Vollendung des Erwerbs an die Einweisung in den Besitz knüpften."

Auch scheint ihm für diese Ansicht der Umstand zu sprechen, daß sie die weniger künstliche sei.

Die Lehre Albrecht's ist indessen auf wenig fruchtbaren Boden gefallen, ja sie ist eine Zeit lang ganz in den Hintergrund getreten, seitdem Beseler [106]) mit sehr scheinbaren Gründen gegen sie zu Felde gezogen ist.

Zwar hat Beseler selber später Gegner in Brackenhöft [107]), Häberlin [108]) und Gengler [109]) gefunden, aber ich sehe nicht, daß diese Gelehrten sonderlichen Anklang gefunden haben.

Was den Erstern angeht — so kann ich eigentlich zwischen ihm und Beselern gar keinen Widerspruch entdecken.

Auch Brackenhöft gibt zu, daß die bloße traditio ohne investitura die Successoren des tradens, Erben, wie Nichterben bände. Die einzige Wirkung, die er von der investitura abhängig macht, ist die Erwerbung einer rechten Gewere, oder römisch zu reden, die Verwandlung der bloßen bonae fidei possessio in Eigenthum. Daß aber Eigenthum durch die Tradition des Nichteigenthümers übergehe, auch ehe der Besitz von Jahr und Tag den Mangel in der Person des tradens geheilt hat, behauptet auch Beseler nicht, hat noch Niemand behauptet (außer für gewisse Fälle Brackenhöft selber).

Ich halte daher die Mühe, die dieser Gelehrte auf die Widerlegung Beseler's gewandt hat, für eine ganz vergebliche — bescheide mich übrigens gerne, von ihm eines Mißverständnisses überwiesen zu werden. Denn ich bekenne, daß es mir

---

106) A. a. O. S. 28 ff.

107) Zeitschr. für d. R. Bd. 8, Nr. II, S. 49 ff.

108) A. a. O. S. 200 ff.

109) A. a. O. S. 345 ff.

nicht ganz leicht geworden ist, seinen Ausführungen überall zu folgen.

Was sodann Häberlin angeht, so hat er ohne Zweifel die trefflichsten Materialien zur richtigen Lösung unserer Frage gesammelt, es ist daher auch zu vermuthen, daß er in Gedanken allen Vortheil, den er aus denselben für seine Ansicht ziehen konnte, wirklich gezogen hat — in seinem Buche selber aber hat er dies nicht gethan, die Gründe Beseler's sind unwiderlegt gelassen, die Gründe, die für die eigne Meinung beigebracht werden, spärlich und nicht recht durchgreifend.

Gengler endlich hat — was allerdings durch den Zweck eines bloßen Leitfadens gerechtfertigt wird — seine Ansicht nur ausgesprochen, aber gar nicht begründet. Auch er wird daher schwerlich auf großen Anklang im juristischen Publikum rechnen dürfen.

Und doch, scheint mir, haben Häberlin, wie Gengler ein gutes Recht auf solchen Anklang. — Denn für die Quellen, welche der traditio eine investitura folgen lassen, scheint mir die von Albrecht zuerst verkündete, von jenen approbirte Lehre in der Hauptsache die einzig richtige. —

Dies näher auszuführen, ist die Aufgabe der nächstfolgenden Darstellung.

Die Anordnung derselben wird die sein, daß zunächst die Gründe geprüft werden, welche Beseler für die entgegengesetzte Ansicht vorgebracht hat oder doch hätte vorbringen können. Der Widerlegung des Gegners wird dann die Begründung unserer eignen Meinung folgen. —

Ein Punkt, der mir selbst eine Zeit lang großen Zweifel an der Richtigkeit meiner Ansicht erregt hat, ist der Umstand, daß die alten Traditionsurkunden so häufig nur Urkunden über die traditio, nicht auch die investitura zu sein und daß die alten Volksrechte nur für diese, nicht für jene Zeugen und Urkunden zu heischen scheinen.

Man könnte nämlich daraus folgern wollen, daß die Investitur oftmals ganz unterblieben sei, also auch da, wo sie nicht unterblieb, doch hätte unterbleiben können — mit a. W. keine rechtliche, sondern nur factische Bedeutung gehabt habe.

Zur Beseitigung dieses Bedenkens Folgendes:

Zuzugeben ist allerdings, daß die Regel von der Nothwendigkeit der Investitur schon frühzeitig Ausnahmen erlitt:

1. nämlich scheint die Lästigkeit eines feierlichen Aktes auf der Sache selbst Veranlassung gegeben zu haben, daß der Veräußerer bei der Tradition dem Erwerber das Recht der Selbstinvestitur ertheilte, so zwar, daß unter dieser Voraussetzung die (formlose) Selbstunterwindung der Sache die rechtliche Bedeutung der (feierlichen) Investitur erlangte.

So erkläre ich mir namentlich eine Urkunde bei Schannat [110]), die schon von Brackenhöft benutzt worden ist [111]).

2. eben jene Unbequemlichkeit möchte aber auch schon frühzeitig zu der Umgehung der Investitur durch ein s. g. constitutum possessorium geführt haben.

Bei Tauschgeschäften, deren Objecte an verschiedenen Orten lagen, findet Spuren eines solchen schon Häberlin [112]) in den Meichelbeck'schen Urkunden, welche besagen, der Tauschhandel solle durch sie den Besitz der eingetauschten Grundstücke erwerben

---

[110]) Trad. Fuld. I, no. 82 a. 778. . . totum et integrum a die praesente sic volumus esse traditum et firmatum . . ut hanc rem ab ulla persona nostrorum coheredum incontradictam et inexquisitam vos et posteri vestri habere, frui perenniter firmissimam habeatis potestatem culmo connexam, vobis ad vestiendum et ad inducendum et ad roborandum.

[111]) A. a. O. S. 52. Nach Brackenhöft, S. 53, soll eine solche Verabredung lediglich „sich nach der Natur des Geschäfts von selbst verstehende Befugnisse" anerkannt haben. Diese Ansicht scheint mir aber durch Formeln, wie Lind. 17 „trado et transfundo . . ad possidendum et quidquid exinde facere voluerint, liberam et firmissimam in omnibus habeant potestatem faciendi" nicht genügend begründet.

[112]) A. a. O. S. 56 ff.

(per quas deindo unusquisque quod ab altero accepit teneat et possideat).

Doch könnten diese Zeugnisse vielleicht auch nur ein Recht der Selbstunterwindung (im Sinne der Nr. 1) im Auge haben.

Für einen andern Fall nehme aber auch ich schon in ältern Zeiten einen Besitzübergang ohne investitura durch constitutum possessorium an; nämlich für den Fall der Vergabung von T. w. (diese gedacht als eine Eigenthumsübertragung deducto usufructu) [113]).

Die Annahme eines constituti possessorii scheint zwar beim ersten Anblicke etwas bedenklich, zumal, wenn man erwägt, wie schwer sich selbst die Juristen von Fach vor Savigny in dieses Verhältniß zu finden wußten.

Ich glaube aber, daß sich dieses Bedenken durch zwei Erwägungen leicht beseitigen läßt:

a, nämlich ist in Betracht zu nehmen, daß gerade in dem Falle der Vergabung v. T. w. als eine Eigenthumsübertragung unter Vorbehalt des lebenslänglichen Niesbrauchs die Anwendung des constituti possessorii durch die ganze Natur des Geschäfts so nahe gelegt ist, daß dieselbe keineswegs eine allzu ausgezeichnete juristische Begabung voraussetzen dürfte. —

b, aber möchte auch nicht zu verkennen sein, daß die Juristen unserer Tage bei aller formellen Ueberlegenheit, was das materielle Verständniß des Rechts betrifft, den alten Schöffen nur zu häufig nachstehen. Wußten diese auch nicht den Besitz kunstgerecht zu definiren, so wußten sie doch ohne Zweifel viel besser, als die ältern Schriftsteller über Besitz, was Besitz ist, und eben darum waren sie auch sehr wohl im Stande, von dem Begriffe des Besitzes jene Anwendung zu machen, die der Schule erst durch Savigny's Ausführung klar geworden ist.

---

[113]) Nur die Franken scheinen wenigstens bis in die Zeiten Ludwigs des

Abgesehen von diesen Ausnahmsfällen erkläre ich mir dagegen die Nichterwähnung der Investitur einfach in folgender Weise.

Sowie wir heutzutage unter Kauf, Tausch, Schenkung bald das unvollzogene Geschäft, den Vertrag ohne Uebergabe, bald das vollzogene, Vertrag und Uebergabe verstehen, so konnten auch die Ausdrücke tradere, cedere, vendere etc. bald nur das eine, bald beide Stadien des Veräußerungsaktes bezeichnen.

Die sorgsamen Concipienten der spätern Zeit haben nun in den Urkunden beide Akte genauer geschieden, bei ihnen wird der investitura ausdrücklich gedacht, traditio bezeichnet daher allerdings nur den ersten Akt.

Die ältern Concipienten bezeugten dagegen nur den Veräußerungsakt im Allgemeinen, gebrauchten daher die Ausdrücke trado etc. im weitern Sinne und konnten ebendaher mit Fug die besondere Erwähnung der Investitur unterlassen.

Eine ähnliche Bewandtniß hat es aber auch mit den Volksrechten, die der Investitur nicht besonders erwähnen.

Die Frage, die sie feststellen wollten, war nicht die, welche Stadien die Eigenthumsübertragung zu durchlaufen habe, das stand durch die Sitte fest, sie wollten nur die Formen der bekannten Akte der Veräußerung bestimmen und konnten daher mit Fug von donare, tradere etc. schlechtweg reden, ohne dasselbe sorgsam in tradere und investire zu sondern. —

Nach diesen allgemeinen Betrachtungen werden uns, wie ich glaube, die einzelnen Zeugnisse, die Beseler für seine Theorie beigebracht hat, nur geringe Schwierigkeiten bieten.

Beseler [114]) beruft sich zuvörderst auf eine Reihe von Stellen, in denen der sofortige Uebergang des Eigenthums mit

---

Frommen auch bei Vergabungen v. T. w. die temporäre Einräumung des körperlichen Besitzes erfordert zu haben. Vgl. die l. Salica de affatomia mit dem Cap. I, Ludovici Pii a. 819, c. 6 (oben §. 1, Note 10 und 12).

[114]) A. a. O. S. 26. 27.

deutlichen Worten an die traditio geknüpft sein soll; es sind dies die folgenden:

1. Form. Lind. 17. totum et integrum a die praesente — — trado et transfundo de meo jure in eorum dominationem ad possidendum, ut quicquid exinde facere voluerint, liberam ac firmissimam in omnibus habeant potestatem faciendi.

2. Meichelbeck I, no. 467 (a. 824). — ipsi firmiter tradiderunt medietatem hereditatis eorum in loco H — — eo modo, ut a die praesente firmiter tenetur ad domum Sctae. Mariae. — — Postea vero misit H. episcopus missos suos — — ut vestituram ipsius rei acciperent.

3. Neugart I, no. 73 (a. 779). Haec omnia trado et ex integro a die praesente ad ipsum monasterium — — trado in dominationem.

4. Meichelbeck no. 331 (a. 816) — — et J. comis et alii multi qui hoc viverunt et audierunt, dixerunt, quod in cunctis conciliis fuissent et narraverunt, quod A. presbyter cum uno C. tradisset, quod proprie hereditatis habuisset, ad monasteris F. ut et per justam legem et per traditionem Stae. Mariae fieri debuisset, et ut illi nihil ibi proprium non haberent. Tunc viderunt quod nequaquam optinere potuerunt etc. —

Die Stellen sub 1 und 3 beseitigen sich sehr einfach durch die weitere Bedeutung des Ausdrucks tradere, der eben auch hier den ganzen Veräußerungsakt befaßt. Und in eben diesem Sinne ist ohne Zweifel der Ausdruck tradere auch in der 4. Stelle zu nehmen. Die Stelle Nr. 2 könnte freilich im Sinne Beseler's mißverstanden werden. Denn traditio bezeichnet darin einen Gegensatz der investitura. Aber bei unbefangener Betrachtung überzeugt man sich leicht, daß die Worte ut a die praesente firmiter ad domum S. Mariae tenetur keineswegs die Absicht haben, den sofortigen Uebergang des dinglichen Rechts zu bezeugen, sondern nur ausdrücken wollen, daß die Rechte des Erwerbes überhaupt sofort, d. h. durch den Veräußerungsakt, traditio resp. investitura übergehen, nicht erst von andern Begebenheiten abhängig sein sollten. —

Für ganz unbedenklich halte ich sodann folgende von Beseler angezogene fränkische Urkunde, die wir schon durch Brackenhöft kennen:

Schannat trad. Fuld. I, no. 82 (a. 778) — totum et integrum a die praesente sic volumus esse traditum et firmatum ut hanc rem ab ulla persona nostrorum coheredum incontradictam et inexquisitam vos et posteri vestri habere, frui perenniter firmissimam habeatis potestatem culmo connexam, vobis ad vestiendum et ad inducendum et ad roborandum.

„Sie ist, bemerkt Beseler, deswegen interessant, weil sie die Folgen angibt, welche aus dem durch die Tradition erlangten Rechte hervorgingen und darunter auch den Anspruch auf Investitur nennt."

Aber das Dasein eines Anspruchs auf Investitur, allenfalls selbst eines Rechts auf Selbstinvestitur aus der Tradition wird ja auch von mir gar nicht geläugnet, nur weiß ich nicht, wie daraus ein Schluß auf die von Beseler behauptete Bedeutung der traditio gerechtfertigt werden soll?

Weiter legt Beseler Gewicht auf:

Meichelbeck no. 537 (a. 829). — quicquid in — locis habuerunt — firmiter — tradiderunt in altarem. — Hoc factum est in domo S. M. in F. — — Deinde ipsi cum omnibus adstantibus et suprascriptis venerunt in solarium ad piissimo pontifice H. et — — ipse — in beneficium illis prestabat ipsas traditiones eorum. —

Beseler bemerkt zu dieser Stelle Folgendes: „Eben weil die Auflassung die angegebene Wirkung hatte, wurde es möglich, daß das tradirte Grundstück sogleich, ehe noch die Investitur beschafft wurde, wieder zu Nutz und Gewere ausgethan werden konnte; welches dann umgekehrt den stärksten Beweis für die vorgetragene Ansicht liefert."

Dieses Raisonnement wäre sehr schlagend, wenn nur die Voraussetzung richtig wäre, daß die Retradition in unserm Falle mehr Recht gegeben hätte, als wir der Tradition zuschreiben, nämlich dingliche, nicht bloß persönliche Berechtigung. Diese Voraussetzung ist nun freilich von Beselern nicht dargethan, dennoch glaube ich, daß dieselbe für die in Rede stehende Urkunde zuzugeben ist. Ich glaube nämlich, daß das Nichterwähnen der Investitur in Urkunden, wie die vorliegende, so erklärt werden muß, daß die feierliche Besitzeinweisung durch den tradens und retradens ganz wegfiel. Denn die Urkunde handelt von einer Vergabung v. T. w.

Allein schon oben ist nachgewiesen, daß bei diesen Geschäften die Investitur durch ein s. g. constitutum possessorium ersetzt wurde, daß also die Ausnahme unsere Regel nicht widerlegt, sondern selbst bestätigt.

Es bleibt mir jetzt nur noch eine Stelle zu besprechen, die ich mir mit Absicht bis zuletzt verspart habe, weil ich, weit entfernt, mit Beselern darin ein Argument für seine Ansicht zu finden, in derselben vielmehr eine sehr gewichtige Stütze meiner eigenen Meinung finde, ich meine:

Meichelbeck no. 345 (a. 816). — C. partem territorii ad ecclesiam tradidit et cum veracis testibus confirmavit. Sed praeoccupato mortis articulo antequam vestituram ad ipsam ecclesiam de hoc territorio tradito perfecisset. Jam enim post obitum eius K. frater ipsius cum aliis rebus — possidebat. — hoc episcopus sciebat et in silentium — K. fideliter vocavit et ammonuit ut ipse inde se legitime emendasset. ipseque K. — ita fecit.

Wir wollen auch hier zuvörderst den Commentar hinstellen, den Beseler zu dieser Urkunde gibt.

„In derselben, bemerkt er, wird der Erbe des Tradenten aufgefordert, der Tradition Folge zu geben und dem Gesetze zu genügen, was er auch that, obgleich noch keine Investitur ertheilt war [115]."

Und in der That, so lautet allerdings das Wort der Stelle. Allein der Geist, der aus diesem Worte hervorblickt, scheint mir ein ganz anderer zu sein.

Die Ansicht, daß der Erbe auch bevor der Erblasser die Kirche investirt habe, verpflichtet sei, die Veräußerung zu respectiren, wird zunächst aufgestellt von dem Betheiligten der Kirche — sie stammt also von vornherein aus verdächtigem Munde.

Und dieser Verdacht wird auch schwerlich dadurch entkräftet, daß der Erbe durch die That die Theorie des Bischoffs anzuerkennen scheint; denn bei dem großen Einflusse, den die Kirchen auf die Laien damals übten, kann eine Nachgiebigkeit des Erben, auch wenn er sich formell durchaus in seinem Rechte achtete, kein Bedenken erregen.

Ich gehe aber noch weiter, ich behaupte, daß der Erbe, wenn er sich nicht formell in seinem Rechte geglaubt hätte, es gar nicht gewagt haben würde, dem Vollzuge der Vergabung Schwierigkeiten in den Weg zu setzen und daß die Kirche, wenn sie nicht selbst die Ansicht des Erben von der juristischen Unvollständigkeit des Geschäfts für die richtige erachtet hätte, schwerlich so glimpflich gehandelt hätte, wie sie es, nach dem Zeugnisse der Urkunde, in der That gethan hat. —

Dieses sind die Gründe, aus denen ich den Zeugnissen, welche Beseler für seine Ansicht beigebracht hat, keine Beweiskraft zuerkennen kann.

Ich wende mich nunmehr zur Darlegung der Gründe für meine eigne Meinung. Es sind folgende:

Gewicht lege ich zuvörderst auf den Umstand, daß die Investitur ein sehr feierlicher Akt war.

---

[115]) Für die grammat. Auslegung der Stelle ist zu bemerken, daß

Dieser Umstand [116]) hat offenbar auch schon Beselern Veranlassung gegeben, sich nach einer besondern Bedeutung des Rechtsakts umzusehen, ich kann mich jedoch mit dem Ergebnisse seiner Untersuchungen nicht zufrieden geben. —

Beseler unterscheidet zwischen Vergabungen unter Lebenden und von T. w.

Bei den erstern sucht er die besondere Bedeutung der Investitur in dem Bedürfniß, die factischen Schwierigkeiten zu beseitigen, die sich der Geltendmachung des vermeintlichen dinglichen Rechts aus der traditio entgegenstellen konnten, und zwar führt er diesen Gedanken genauer in folgender Weise aus [117]):

„Wenn man auch annimmt, daß durch die (Auflassung) das Recht in dem Umfang überging, als die Partheien es beabsichtigten, so ergibt doch eine genauere Erwägung, daß mit jener symbolischen Handlung nicht jede Beziehung der dabei thätigen Personen zu dem aufgelassenen Grundstücke thatsächlich festgestellt war. Das Symbol vertrat dasselbe auch am entfernten Orte; wenn an einem solchen die Tradition beschafft war, so sieht man leicht, wie viele Schwierigkeiten dem neuen Eigenthümer, der sich selbst mit seinem Rechte überlassen blieb, entgegen treten konnten, ehe er zum wirklichen Genusse desselben gelangte. Verwandte, Freunde, Nachbarn, Hörige konnten denselben, wenn der Veräußerer nicht dazwischen trat, in der besten Absicht an der Ausübung seines Rechts hindern und ihn zur gerichtlichen Verfolgung

---

emendasset, das pqpf., wie so oft in den Meichelbeck'schen Urkunden, für impf. steht. Aehnlich heißt es bei Meichelbeck Nr. 331: ad Presbyteros J. et S. requirebant (Episcopus et Advocatus suus) ut ei suum beneficium sine ulla lesione et Wadium reddidissent (statt redderent), ein Beispiel, das leicht durch andere vermehrt werden könnte.

[116]) Derselbe scheint mir insbesondere auch von Häberlin als maaßgebend betrachtet worden zu sein; Häberlin hätte aber eine specielle Besprechung der von Beseler gegen dessen Erheblichkeit vorgebrachten Gründe nicht versäumen sollen. —

[117]) A. a O. S. 28 ff.

zwingen. Es mußte daher angemessen erscheinen, daß derjenige, dem eine Auflassung ertheilt war, in eine solche Lage versetzt wurde, worin er das erworbene Recht auch ohne factische Hindernisse zur Ausübung bringen konnte; dieses wurde durch eine auf dem Grundstücke vorgenommene öffentliche Handlung erreicht, welche andeutete, daß er in das Verhältniß der unmittelbaren Herrschaft über dasselbe getreten sei, hierin lag die ursprüngliche Bedeutung der Investitur."

Gegen diese Deduction erinnere ich aber Folgendes:

Ich gebe zu, daß der Nachbar, der Freund damals leichter, als heutiges Tages geneigt sein mochte, die Sache des Veräußerers zu der seinigen zu machen. Aber doch gewiß nur dann, wenn dieser selber in die Schranke ntrat, oder wenn jener glauben mußte, daß dies nur darum nicht geschah, weil die physische Möglichkeit dazu fehlte.

Ich gebe demnach zu, daß, wenn der im Auslande Begabte sich vor der Rückkehr des Veräußerers eigenmächtig in den Besitz gesetzt hätte, der Freund sich gegen ihn erhoben hätte. Ich läugne nicht, daß, wenn Jemand bei Anwesenheit des Veräußerers eigenmächtig zugegriffen hätte, dem letztern der Beistand des Freundes gegen jenen nicht gefehlt haben würde. Aber ich läugne, daß der Freund zugeschlagen hätte, bevor der anwesende Eigenthümer sich erhoben hätte. Ich läugne dies selbst für den Fall, daß dieser nicht im eigentlichen Sinne in der Sache gesessen hatte (z. B. für Veräußerungen eines nicht unmittelbar zu dem Wohngute des Veräußerers gehörigen Ackers), ich läugne es noch mehr für den Fall, wo der Freund die Wohnung des Freundes durch einen Andern besetzt sah, ohne daß der anwesende Freund Klage erhob. —

Ich denke diese Ansicht wird schon zu Genüge durch die Natur der Sache gerechtfertigt, ich will aber auch nicht verabsäumen, hervorzuheben, daß in hundert Fällen die Gefahr der Intervention der Freunde damals selbst geringer erscheinen mußte, als bei uns. Darum nämlich, weil die traditio ein mehr oder minder öffentlicher Akt, mithin die Eigenthumsveräußerung schon durch diese einem größern Kreise bekannt war, darum ferner, weil, selbst angenommen, daß das formelle Beispruchsrecht des Erben zu Veräußerungen von Grund und Boden dem ältern Rechte fremd, doch eine materielle Mitwirkung des Erben bei der Veräußerung von jeher sehr gewöhnlich war [118]), mithin gerade diejenigen, von denen der Erwerber am meisten Widerstand zu befürchten gehabt hätte, in der Regel bereits vorher sogar speciell von der Veräußerung unterrichtet worden waren. —

Beseitigung des Widerstandes Befreundeter und Benachbarter kann daher auch bei Veräußerungen unter Lebenden nicht der Zweck der Investitur gewesen sein.

Für Veräußerungen von T. w. gibt nun Beseler auch selber zu, daß die so eben widerlegte Erklärung der Investitur nicht ausreicht. Er substituirt ihr aber die folgende [119]):

„Die Auflassung, welche Behufs einer Vergabung von Todes wegen geschah, bemerkt er, hatte, was die Uebertragung des Rechts betraf, dieselbe Wirkung, wie jede andere, aber die factische Sicherheit war doch nicht so groß, als wenn sogleich die volle Ausübung des Rechts eintrat. Der böse Wille oder die Unkunde der Nachfolger konnten einen Beweis nöthig machen, der, wenn derselbe noch lange nach der vollzogenen Auflassung lebte, oft schwer zu führen sein mußte. Daher findet sich die sehr verbreitete Sitte, dergleichen Traditionen wiederholen zu lassen, bei einer sich darbietenden Gelegenheit oder auf ausdrückliche Veranstaltung, je nachdem das Bedürfniß drängte, aus

---

[118]) Dafür, daß eine materielle Mitwirkung der Erben bei Veräußerungen von Grund und Boden jedenfalls auch dem ältern Rechte nicht fehlte, s. Beseler a. a. O. S. 64. 65. Ob sie aber Ausfluß eines formellen Rechts der Erben war, darüber behalte ich mir eine besondere Ausführung vor. —

[119]) A. a. O. S. 34 ff.

besondern Gründen, meistens aber nur aus dem allgemeinen Grunde, um sich durch die doppelte Anzahl von Zeugen und durch die neue Charte eine größere Sicherheit zu verschaffen. Dieser Zweck konnte nun auch dadurch erreicht werden, daß man eine Handlung vornahm, welche für die Vestitur nöthig war, denn auch hier kamen Zeugen und Urkunden vor. Daraus erklärt sich, warum eine zu diesem besondern Zwecke vollzogene Investitur eben als Wiederholung der Auflassung bezeichnet wird, während dieser Ausdruck umgekehrt für die dargelegte Meinung spricht.

Außerdem verband man mit der Vornahme eines solchen Akts den Vortheil, daß sich die Zeugen besser mit dem Gegenstande der Vergabung bekannt machen konnten, und überhaupt mochte es dem Sinne des Volkes angemessen erscheinen, daß es denjenigen, welchen es für den Herrn eines Grundstücks halten sollte, auch einmal in einer bestimmten thatsächlichen Beziehung zu demselben gesehen hätte. Nur darf man aus diesem Grunde nicht die Nothwendigkeit der sogleich vollzogenen Vestitur für den angegebenen Fall herleiten: sie erscheint vielmehr nur als eine besonders motivirte Ausnahme."

Bei der Prüfung dieser Argumentation nehme ich Umgang von der letzten Bemerkung: denn sie scheint mir uno ore auszusprechen: die Investitur sei nach der Volksmeinung nothwendig und doch nicht nothwendig gewesen.

Im Uebrigen bemerke ich Folgendes:

1. Die investitura enthielt jedenfalls ein Moment, welches der traditio fehlte, die Einweisung in den Besitz. Wollte also die investitura n u r renovatio traditionis sein, warum dann nicht einfach eine neue traditio statt dieses mit einem dieser fremden Elemente versetzten Rechtsakts?

B e s e l e r meint freilich, man habe dadurch die Möglichkeit erlangt, die Zeugen mit der Sache näher bekannt zu machen.

Allein schon Häberlin hat bewiesen, daß Investitur und Gränzbezug in der Regel etwas Gesondertes waren [120]).

Und dann: wenn der Wunsch, die Zeugen mit den Gränzen bekannt zu machen, das Motiv war, statt der 2. traditio eine investitura vorzunehmen, warum ersetzte dann die Investitur niemals die erste Tradition, sondern nur die zweite?

2. aber ist zu beachten, daß nach den von Beselern selbst citirten Stellen, die Investitur auch bei Vergabungen von T. w. „sogleich nach der Auflassung ertheilt wurde." Damit ist doch wohl das Motiv einer Wiederholung der Tradition von selbst beseitigt, daß aber der feierliche Akt nur den Zweck gehabt habe, die Zeugen über das Objekt der Vergabung zu vergewissern, hat auch Beseler selber nicht behauptet.

Das Ergebniß alles bisher Bemerkten ist dieses:

Die Investitur mußte als ein mit besondern Feierlichkeiten verbundener Akt auch eine besondere rechtliche oder doch factische Bedeutung haben. Aber alle Versuche, eine solche ohne Hilfe unserer Auffassung nachzuweisen, stellen sich als mißlungen dar. Es wird mithin nichts übrig bleiben, als die Erklärung der Sollennität der Investitur aus ihrer von uns behaupteten Eigenschaft, dem Rechte aus dem feierlichen Veräußerungsvertrag (traditio) erst den dinglichen Charakter zu verleihen. —

Zu eben diesem Ergebnisse führen aber nicht minder folgende Argumente:

1. Wir haben gesehen, daß im Wesentlichen die Form der investitura nicht minder feierlich war, als die der traditio. Wie bei dieser, so erscheinen auch bei jener Richter, Schöffen, Zeugen, Urkunden [121]). Warum also sollte der investitura geringere Bedeutung für die Uebertragung des dinglichen Rechts zukommen, als der traditio?

---

[120]) A. a. O. S. 26. 27.

[121]) Oben, §. 3, S. 35 ff.

II. Zu eben diesem Ergebnisse führt der Umstand, daß bei denjenigen Völkern, welche bei der Uebertragung des Grundeigenthums Symbole übergaben, diejenigen Symbole, welche sich als Repräsentanten der Sache selbst darstellen, so lange eine von der Tradition verschiedene Investitur vorkam, nicht bei jener, sondern bei dieser überreicht zu werden pflegten [122]).

---

[111]) Obe, §. 4. Daß der Gebrauch von Symbolen, die nicht schon äußerlich die Sache vertreten, nicht nothwendig zu dem Satze führt, daß die traditio dingliche Berechtigung gab, bedarf keiner nähern Ausführung.

Es läßt sich aber sogar umgekehrt beweisen, daß die Anwendung jener Symbole nur das persönliche Band zwischen dem Veräußerer und Erwerber versinnlichen sollte.

Das ergibt sich eigentlich schon daraus, daß mehrere jener Symbole unzweifelhaft nicht blos bei Veräußerungen, sondern auch bei rein obligatorischen Verhältnissen gebräuchlich waren.

Das Symbol der Fingererhebung beim Eid hat sich bekanntlich bis auf unsre Tage erhalten (vergleiche auch noch Grimm R. A. S. 141).

Und daß auch die fränkische festuca nicht blos bei Gutsübertragung, sondern bei feierlichen Verträgen überhaupt und beim Eide vorkam, hat bereits Grimm a. a. O. S. 122. 123 durch eine Reihe der schlagendsten Zeugnisse erhärtet.

Es läßt sich aber, wenigstens für die so eben gedachten Symbole, speciell nachweisen, daß sie auch bei der Auflassung eben nur diese persönliche Bedeutung hatten.

Die incurvati digiti des sächsischen Rechts erscheinen als Symbole blos der Gewährleistungspflicht des Veräußerers ganz unzweifelhaft in folgenden Stellen:

Möser, Osnabrück'sche G. II, Nr. 22 (a. 1049). Investituram ejusdem traditionis statim illi cum digito suo, sicut mos est, promittens.

Daselbst Nr. 21. Statimque juxta legem et ritum Westfalensium ejusdem rei investituram digito promisit.

Es braucht wohl nicht besonders hervorgehoben zu werden, daß investitura in beiden Stellen nicht in dem Sinne zu nehmen ist, in dem wir bisher von der investitura gehandelt haben. Es ist vielmehr eine schlechte Uebersetzung der Gewere im Sinne von Gewährleistung, für die in genau sich ausdrückenden lateinischen Quellen der Ausdruck: warandia gebraucht wird.

Die Richtigkeit dieser Auslegung beweist folgende Stelle:

Urk. bei Haltaus, p. 459 (a. 1088). Aderat comes F. advocatus ecclesiae qui chirothecam traditionis sacris reliquiis impositam, ut mos est,

III. Einen weitern Beleg für die Richtigkeit meiner Ansicht finde ich in dem Umstande, daß nach den Quellen, welche neben der traditio noch eine von dieser geschiedene investitura kennen, der Friede auf der Sache selbst gewirkt [123]), auch im alten Norden die alimandi formula nach der Darstellung Stjernhööks an Ort und Stelle ausgesprochen wurde [124]).

IV. Endlich können für die Wahrheit unserer Auffassung der investitura auch noch folgende directe Quellenbelege beigebracht werden:

1. Zeugnisse des ältern deutschen Privatrechts.

a, l. Salica de affatomia [125]).

Nach dieser Stelle, die bereits von Beselern sehr gut erklärt worden ist, zerfiel die Affatomie bei den Saliern in zwei Geschäfte: die Vergabung an den Salmann und die Vergabung an den zu Begabenden. Letztere ist zunächst bloße Tradition. — Die Investitur durch den Salmann erfolgte aber ohne Zweifel nach dem Tode des Vergabers. Die Vergabung an den Salmann zerfiel dagegen in 2 Akte, von denen schon Beseler mit Recht bemerkt hat, der erste sei eine traditio, der zweite eine investitura. Eine investitura wird also ganz klar als Bedingung der Eigenthumsübertragung an den Salmann hingestellt, und

---

abstulit et ab ipso Gerardo per digitorum extensionem promissionem confirmationis (offenbar das Versprechen der Gewährleistung!) accepit.

Daß aber bei den Franken der festuca die gleiche Bedeutung zukam, wie bei den Sachsen den incurvatis digitis, sagt folgende Stelle ausdrücklich:

Schannat Vind. lit. I, 41 (nach 1024). Fecit abnegationem praedii Budenesheim, quod est situm in Wedereiba — primo incurvatis digitis secundum morem Saxonum, — et deinde abnegationem fecit cum manu et festuca, more Francorum.

Demgemäß beziehe ich denn auch die in den Urkunden so gewöhnliche Klausel stipulatione subnixa auf die Versprechen zur Gewährleistung.

[123]) Oben §. 5.

[124]) Oben §. 1, Note 16.

[125]) Oben §. 1, Note 10.

ganz dem entsprechend bildet dieselbe einen Theil des thema probandum des Begabten im Falle der Anfechtung des Geschäfts.

Daß aber diese Grundsätze noch in den Zeiten Ludwigs des Frommen galten, beweist

b, Cap. I, Ludovici Pii a. 819 [126]).

Hier wird, wie wir sahen, ausdrücklich verordnet, daß ausländische Vergabungen auch ohne Investitur Gültigkeit haben sollten. Daraus folgt offenbar, nicht was Beseler daraus ableiten will, daß die Investitur von dem Belieben der Betheiligten abhing, sondern gerade umgekehrt, daß sie für die Regel unumgänglich und daher den bei Vergabungen im Auslande obwaltenden Schwierigkeiten nur durch ein besonderes Gesetz zu helfen war.

Von selbst versteht es sich, daß die Beweiskraft dieser Stellen dadurch nicht gemindert wird, daß beide, die erste ausschließlich, die zweite mindestens vorwaltend, Vergabungen v. T. w. im Auge haben. Denn wenn sogar Geschäfte dieser Art (bei denen doch der Veräußerer zuvörderst noch im Besitz und Genuß des Gutes blieb) die Investitur erforderten, um wie vielmehr mußte diese dann bei reinen Zuwendungen unter Lebenden unerläßlich erscheinen.

Diesen ältern Belegen für die richtige Ansicht treten hinzu:

2. Folgende Zeugnisse des mittlern Rechts.

Zuvörderst mehrere landrechtliche:

a, die bereits von Albrecht relevirten Stellen: Sächs. Landrecht III, 83 §. 1 [127]). Goslaer Stat. 495, 24 und 25. (Verm. S.-Sp. I, 34, 4 und 5. Pölmann IX, 17, 4 und 5) [128]).

b, Sächs. Weichbild art. 20 [129]).

---

[126]) Oben §. 1, Note 12.

[127]) Oben §. 1, Note 29.

[128]) Oben §. 1, Note 30.

[129]) Oben §. 1, Note 30.

Sodann folgende lehnrechtliche Zeugnisse:

a, Sächs. Lehnrecht 11, §. 1 in dem Worte „bewysinge [130]).“

b, Schwäb. Lehnrecht art. 157 [131]).

Zur Bestätigung unserer Ansicht kann aber selbst das spätere Recht dienen.

Allerdings erfordert dies nur einen Akt, aber dieser eine Akt ist nicht bloße traditio, sondern er ist zugleich (ideelle) investitura, und eben als solche nur überträgt er sofort dingliche Berechtigung.

Die vollständige Begründung der Möglichkeit und Wirklichkeit dieser Bedeutung der traditio-investitura des spätern Rechts wird freilich einer Erörterung über das Wesen der s. g. juristischen Gewere überhaupt vorbehalten bleiben.

Doch mögen schon hier wenigstens folgende Bemerkungen eine Stelle finden:

Die Möglichkeit der Besitzbedeutung der Tradition ist

---

130) Oben §. 1, Note 19.

131) Schwäb. Lehn-R. 157. Und ist daz ein man siech wirt der lehen hat von einem herren, der hat nit lehenserben. den bitit ein sin vriunt, daz er daz lehen senim herren uf sende bi einem des herren man daz tut der sieche man. der bote der git dem herren daz lehen uf. der herre lihet dem man daz gut der man underwindet sich des lehens mit des herren boten. — —

und kumt danach ein anderer und betet im daz gut zu lihen, der herre tut daz und git dem selben man boten und wisunge uf daz gut, der erre man kumt fur sinen herren und claget im uber jenen er hab sich sins gutes underwunden zunrecht. der ander kumt oh fur den herren und spricht ze dem herren: herre ich han recht, ir lihent mir ditz gut, der herre vergiht in beiden und git in einen tac fur sine man, mac der erre man bereden, daz der man dem herren daz gut ufsante unde daz tet bi sinem man und er im daz gut lech un wisunge dar uf gap mit sinem boten und mac er daz erziugen mit zweien des herren mannen, er hat daz gut vor jenem unde hete im der herre nicht wisunge uf daz gut gegebin, so heti ez der ander behebt. —

gegeben durch die Benutzung des constituti possessorii, dessen Bedingungen in unserm Falle vollständig vorliegen.

Der Deutsche setzte als selbstverständlich voraus, daß der Veräußerer durch die traditio die körperliche Innehabung nicht aufgab, diese körperliche Innehabung konnte aber nach der Erklärung des tradens, der accipiens solle sofort Besitzer sein, nur gedacht werden als Besitz in fremdem Namen, als Besitz des tradens für den accipiens. Die Folge der traditio war also einfach: Verwandlung des Eigenthumsbesitzes des Veräußerers in Stellvertretungsbesitz für den Erwerber. Daß aber Besitz eines Andern für mich, Besitz durch mich ist, hat auch das deutsche Recht nicht verkannt. Die Möglichkeit der Auffassung der traditio als investitura unterliegt also keinem Bedenken [132].

Daß aber diese Möglichkeit auch Wirklichkeit war, ergibt sich, wie mir scheint, schon aus folgenden Eigenthümlichkeiten, die, wie oben bewiesen ist, die neue traditio-investitura von der alten, reinen traditio unterscheiden:

1. Während die alte traditio auch sprachlich von der investitura stets geschieden wurde, wird jetzt der Name investitura auch für jene üblich [132].

2. Die die Sache selbst repräsentirenden Symbole, früher nur bei der investitura gebräuchlich, treten jetzt auch bei der traditio auf [133].

3. endlich wird der Friede, einst auf der Sache selbst, jetzt im Gerichte gewirkt [134].

Daß nun aber eben die Investitur-Bedeutung der traditio es ist, die dieser ermöglicht, dingliche Berechtigung zu begründen, das ergibt sich daraus, daß sie gerade in ihrer Eigenschaft,

---

132) S. oben §. 2.

133) S. oben §. 4.

134) S. oben §. 5.

dingliches Recht zu begründen, als investitura bezeichnet wird, z. B.

II F. 31. Sciendum est fuidum adquiri investitura. —

Dieses ist das wahre Verhältniß des neuern zu dem ältern Rechte. Welches aber waren die Gründe, die von diesem zu jenem geführt haben? Ich denke es waren diese:

So lange Veräußerungen von Grund und Boden bei den Deutschen nicht allzuhäufig waren, so lange überdies der kindliche Sinn des Volkes zu körperlicher Darstellung seiner Rechtsgedanken vorzüglich geneigt war, so lange mochte freilich die Vornahme einer feierlichen Investitur nach geschehener Tradition nicht unterlassen werden. Ja, so wirksam zeigte sich die Liebe für die sinnliche Seite des Rechts, daß die alten Salier selbst bei Vergabungen von T. w., bei denen doch die Verbindung der beiden Akte durch die Natur des Geschäfts selbst gegeben war, die feierliche Einräumung des körperlichen Besitzes nicht für überflüssig erachteten.

Je häufiger indessen Verfügungen über Grund und Boden wurden, je mehr überdies der ursprüngliche Drang des Volkes nach äußerer Gestaltung seiner Rechtsideen nachließ, desto lästiger mußte die alte Duplicität der Akte der Eigenthumsübertragung, desto kräftiger mußte daher stets das Streben werden, die schleppenden Formen des ältern Rechts durch einen einfacheren Geschäftsgang zu ersetzen.

Seine Befriedigung fand aber dieses Streben auf doppeltem Wege:

1. Zunächst dadurch, daß dem Erwerber die Selbstunterwindung gestattet wurde.

Dies geschah anfangs nur für einzelne Fälle durch besondere Vereinbarung bei der Tradition, wie wir oben aus einer Urkunde Schannat's nachgewiesen haben.

Später scheint aber dieses Recht auch für ganze Klassen von Fällen durch gesetzliche Regel eingeräumt worden zu sein. So nämlich finden wir dasselbe in dem Sächs. Lehnrecht 11, §. 2.

2. Dieser erste Weg schien indessen nicht für alle Fälle zweckmäßig. Denn ein Recht der Selbstunterwindung mochte der Veräußerer wohl nur da einräumen, wo sich weder er, noch ein Anderer selbst im körperlichen Besitze des Gutes befand. Wo dies der Fall war, da ward ein neues Mittel der Vereinfachung der alten Formen erforderlich, und es ward gefunden in der Verbindung der alten investitura mit der traditio, in der Auffassung der alten traditio zugleich als investitura, als Einräumung des Besitzes.

Diese Verbindung, diese Auffassung ward schon frühzeitig benutzt für die Vergabungen von Todes wegen. Denn gerade hier war sie schon durch die Natur des Geschäftes nahe gelegt [135]).

Erst später fand sie dagegen auch bei Verfügungen unter Lebenden Eingang.

Hier und da, wie es scheint, erst unter dem Einflusse des römischen Rechts [136]).

Meistens aber doch wohl in freier Weiterbildung des einheimischen Rechtes durch sich selbst [137]).

---

[135]) Eben daher scheint man es auch hier nicht für nöthig erachtet zu haben, die doppelte Bedeutung des Akts durch eine Verdopplung der Symbole auszudrücken.

[136]) Dies hat Häberlin a. a. O. S. 204 nachgewiesen. Die bairischen Urkunden des 13. Jahrh. rechtfertigen den Besitz- und damit Eigenthumsübergang durch bloße traditio, geradezu mit den Worten der l. 18 pr. D. de acq. vel amm. poss, 41, 2. „nam possidere videtur, cuius nomine possidetur.“

[137]) Da hier das constitutum possessorium nicht schon in der Natur des Geschäfts lag, mußte es angemessen erscheinen, die Symbole der Investitur des ältern Rechts denen der alten traditio beizufügen; es hätten daher eigentlich jetzt doppelte Symbole zur Anwendung kommen müssen, indessen haben gewöhnlich, z. B. in Frankreich, die Symbole der alten Investitur die der alten traditio verdrängt: bisweilen hat man aber auch umgekehrt die alten Traditionssymbole beibehalten (vgl. z. B. die §. 1, Note 21 mitgetheilten Stellen des vermehrten Sachsen-Sp.). Es wäre aber gewiß ein Irrthum, daraus Einwendungen gegen unsre Ansicht von der Bedeutung der spätern traditio-investitura herzuleiten. Denn auch die

Zum Schluß dieser Erörterung über die Wirkungen der traditio und investitura will ich nur noch auf eine interessante Uebereinstimmung des Familienrechts mit dem Sachenrechte hinweisen.

So wie nämlich Eigenthum nicht übertragen werden konnte, ohne die Uebertragung des Besitzes, so ging auch das mundium nur über durch die wirkliche Uebergabe der Frau an den Ehemann.

Darin stimmte selbst das neuere Recht mit dem ältern überein, es wich von diesem nur darin ab, daß der Uebergabe kein Fraukauf voranging.

Der Beweis dieses Satzes liegt vornämlich in zwei Zeugnissen, auf die zuerst Kraut [138]) aufmerksam gemacht hat, und die ich zur Bequemlichkeit meiner Leser in der Note habe abdrucken lassen [139]). —

---

letzte Erscheinung erklärt sich einfach daraus, daß eben die Blüthezeit des sinnlichen Elements im deutschen Rechtsleben schon vorüber war. Sagt doch Verm. S.-Sp. I, 25 pr. ausdrücklich: Wurde auch vorgessin das man die vinger nicht uffreckte, das en schadit doch nicht, wenne her is mit worten uff lis.

[138]) Vormundsch. Bd. I, S. 173 ff.

[139]) Edict. Rothar. c. 216. Si quis puellam liberam aut viduam sponsatam habuerit et contigerit casus, ut ipsa ante moriatur, quam a patre aut fratre, aut ab eo, qui mundium ejus in potestate habet, tradita fuerit; tunc meta, quae data est ab ipso sponso, reddatur ei; aut sponsus recipiat tantum, quantum in ipsa meta dedit. Nam aliae res ipsius sint, qui mundium eius in potestate videtur habere, eo quod ante traditionem mortua est.

Alte Verlobungsformel (aus einer Münchner Handschr. des 12. Jahrh. mitgetheilt von Maßmann im Rhein. Mus. für Jurisprudenz, Jhrg. 3, S. 382 u. f.): Nu nimet — ir geboren voget — die frouwen, — u. antwortet si den man u. spricht: wa ich iu bevilhe mine muntadele zo i veren trewon u. ze iuren gnaden u. bit iuch durch die trewe, als ich sie iu bevilhe, daz ir ir rehte voget it u. ir genadich voget sit u. daz ir nit polemuntet ne werdet.

Sie werden, denke ich, als zwei neue Belege für die Richtigkeit meiner Ansicht über die Bedeutung der alten Investitur anzusehen sein. —

§. 7.

Friedewirken und dreitägige Session.

Zum Beschlusse dieser Abhandlung nur noch wenige Worte über das Friedewirken und die dreitägige Session.

1. Die Bedeutung des Friedewirkens scheint mir zunächst die, die Uebertragung der Gewere, d. i. des Besitzes und damit des dinglichen Rechts auf den Erwerber zu markiren. Diese Bedeutung wird zwar in den Quellen nicht expressis verbis bezeugt, allein sie scheint mir schon durch die Natur der Sache gegeben und wird bestätigt durch die bereits oben nachgewiesene Verschiedenheit des ältern und neuern Rechts hinsichtlich des Orts des Friedewirkens.

Zu dieser nächsten Bedeutung trat dann aber noch die andere hinzu, welche in den Quellen speciell bezeugt wird: Ausschluß der Ansprüche derer, „welche schon jetzt im Augenblick der Veräußerung (nicht erst binnen Jahr und Tag) ihren Einspruch verlautbaren mußten."

Das hat schon Albrecht[140]) hinreichend dargethan. —

2. Die Bedeutung der Session angehend ist dagegen zu unterscheiden:

Wo zwei Sessionen vorkamen, ist die erste nur Theil des Einweisungsaktes, der investitura.

Wo dagegen nur eine Session üblich war (und eben dies gilt, wo zwei Sessionen vorkamen von der zweiten) ist deren Bedeutung, wie mir scheint, so zu bestimmen.

Die Investitur (mit oder ohne erste Session) übertrug die

---

[140]) A. a. O. S. 67. 68.

Gewere (Besitz und dingliches Recht) nur bedingt, genauer: unter der Bedingung der Nichteinsprache Dritter während der (einzigen oder zweiten) sessio.

Eben daher trat auch die Gewährleistungspflicht des Veräußerers erst ein nach Vollendung der (einzigen oder zweiten) Session.

Auch hinsichtlich der nähern Begründung dieser Sätze genügt eine Verweisung auf Albrecht [141]).

Seine Theorie ist zwar von Beseler [142]) angefochten worden, aber, wie ich denke, ohne Grund.

„Der Zweck derselben, bemerkt er, ist wohl darin zu suchen, daß, wenn ein Grundstück von Jemandem tradirt war, der kein Recht dazu hatte, den Betheiligten Gelegenheit gegeben werden sollte, gegen die durch die Vestitur (Einweisung) erfolgte Bemächtigung der Sache Einspruch zu erheben; war dieses in der bestimmten Frist nicht geschehen, so hatte der neue Besitzer keine Klage wegen Gewaltthätigkeit zu befürchten."

Zum Belege citirt er dann:

Glosse zum sächs. Weichb. art. 30. Was man mannen oder weibern gibt, das sollen sie besitzen drei tag. Das ist darumb, das es in ist gegeben und das man sie des dinges nicht geweren darf. Wer denn ein ding unverholen drei tage besitzet, den mag man keiner handhafftigen that noch ungerichtes daran gezeihen.

Nach diesem Zeugnisse kann man nun freilich nicht verkennen, daß die Session unter andern auch die von Beseler angedeutete Wirkung hatte.

Auch mag man Beselern allenfalls zugeben, was er weiter behauptet, daß art. 24 und 26 der Goslaer Statuten mit seiner Erklärung der Session vereinbar seien.

---

[141]) A. a. O. S. 74 ff.

[142]) A. a. O. S. 32. 33. bes. Note 33.

Er selber muß aber zugeben, daß er den art. 24, mit welchem der Verm. Sachsp. I, 39, 4 correspondirt [143]), nicht genügend auszulegen weiß und findet daher einen Widerspruch zwischen art. 24 und 26 einer= und art. 25 andrerseits.

Allein dieser vermeintliche Widerspruch löst sich offenbar sehr einfach dadurch, daß man neben der von Beseler relegirten, offenbar untergeordneten Bedeutung der sessio, die von Albrecht hervorgehobene Hauptbedeutung derselben anerkannt, für die oben der art. 25 Zeugniß gibt.

Wenn übrigens Beseler [144]) Albrecht den Vorwurf macht, er lasse die Rechte, in denen auch nach seiner Ansicht die Gewere durch die Auflassung übergehn und doch die dreitägige Session kennen, was diese betreffe, unerklärt, so ist mir derselbe nicht ganz klar. Denn soviel ich sehe, kommt eben die Session nur in solchen Rechten vor, die noch die investitura in ihrer ältern Bedeutung beibehalten haben.

---

[143]) S. §. 1, Note 21 und Note 33.
[144]) A. a. O.

Zweite Abhandlung.

Ueber das Wesen der Gewere.

Einleitung.

Das Wort gewere, weiblichen Geschlechts [1]), wird bekanntlich in unsern Quellen in sehr verschiedenen Bedeutungen gebraucht.

Gewere ist:

1. Wehre, Vertheidigungsmittel.
2. Haus und Hof.
3. Gewähre, Gewährleistung.
4. Sachliche Herrschaft [2]).

[1]) Bekanntlich kennen unsere Quellen auch ein Wort Gewere, männlichen Geschlechts, mit der Bedeutung: Gewährsmann, auctor.

[2]) Vergl. über diese verschiedenen Bedeutungen Albrecht, Gewere, §. 1 und jetzt besonders Homeyer, Sachsenspiegel I, S. 327. 328 (Register zum Landrecht). —

Die Frage, ob diese verschiedenen Gewereu auf eine Wurzel zurückzuführen seien oder nicht, wird freilich noch immer verschieden beantwortet. Wie die Sache bis jetzt liegt, möchte ich dieselbe weder unbedingt bejaen, noch unbedingt verneinen.

Zuzugeben ist denjenigen, welche alle Geweren als aus einer Wurzel stammend darstellen, daß die begriffliche Verwandtschaft, die zwischen Gewere als Gewährleistung und Gewere als Vertheidigung obwaltet, auch auf eine sprachliche Gemeinschaft hinweist.

Dagegen vermisse ich eine begriffliche Verwandtschaft zwischen diesen beiden Geweren und der Gewere als sachlicher Herrschaft, sobald nur an der ursprünglichen Bedeutung der letztern (investitura, Bekleidetsein mit einer Sache) festgehalten wird und halte eben daher auch die Behauptung einer sprachlichen Verwandtschaft für unbegründet.

Von allen diesen Geweren interessirt uns hier nur die letztere, die Gewere als sachliche Herrschaft.

Dieselbe kommt — vorläufig noch ganz abgesehen von der Frage, ob wir uns dieselbe als thatsächliche oder rechtliche Herrschaft über die Sache, als Besitz oder dingliches Recht zu denken haben — in unsern Quellen, ihrem Gegenstande nach, in doppelter Weise vor. Gegenstand der Gewere in der hier in Frage stehenden Bedeutung sind nämlich entweder:

1. Eigenthum [3]) oder eigenthumsähnliche Rechte [4]).
2. Rechte anderer Art, und zwar:
   a. Dingliche Rechte im Sinne der Römer, d. h. Rechte, die uns Herrschaft an der Sache selber geben.

Als Beispiel kann die Gewere des neueren Satzungsgläubigers dienen [5]).

   b. Blos subjectiv dingliche Rechte, s. g. deutsch-dingliche Recht, d. h. Rechte, welche uns nur Herrschaft über Personen, aber vermöge eines Verhältnisses, in welchem diese zu einer Sache stehen, geben.

Diese Rechte sind selbst wieder in sehr mannigfaltiger Weise zu denken. Sie sind bald politische, bald private, bald Rechte an einem einzelnen Gute [6]), bald Rechte über einen ganzen Bezirk.

---

[3]) Diesen Ausdruck hier im römisch-modernen Sinne genommen, nicht in dem ungleich umfassenderen des ältern deutschen Rechts, den Duncker in der Zeitschr. für d. R. Bd. II, H. 1, S. 194 ff. nachgewiesen hat.

[4]) Z. B. Sächs. Land-R. II, 43, §. 1. Sve en gut eme seget to lene, unde en ander seget it si sin egen, spreke't se't mit geliker were etc.

[5]) Schöffenurtheil hinter dem sächs. Landrechte I, 6, 8. wirt einem erbe gesatzt vor gerichte, der hat ein rechte gewere daran, ob jener der es setzt nu wol blib in dem erbe.

[6]) Wobei nur zu beachten ist, daß diese beiden Klassen von Berechtigung im Mittelalter keineswegs so scharf gesondert sind, wie heutzutage.

Eine Gewere finden wir nämlich an: Herzogthum, Grafschaft, Gerichtsbarkeit u. a. Regalien, an Zöllen, Zehnten u. a. Grundabgaben, an Frohnden 2c.

Dies kann für die meisten der genannten Fälle aus unsern Quellen sogar direct nachgewiesen werden [7]); für alle aber wenigstens indirect dadurch, daß sie Objekte der Lehnsberechtigung sein können. Denn Lehen ohne Gewere ist nicht Lehen [8]).

Die Gewere an Eigenthum oder eigenthumsähnlichen Rechten hat man in neueren Zeiten als Gewere an Sachen, die Gewere an den andern Gerechtsamen als Geweren an Rechten bezeichnet [9]).

Das Wesen der einen, wie der andern Art der Gewere darzulegen, ist nun die Aufgabe der folgenden Abhandlung. —

Die Anordnumg derselben wird die sein, daß zunächst die Natur der Gewere an Sachen, dann die der Gewere an Rechten untersucht wird.

Kapitel I.

Von der Gewere an Sachen.

§. 1.

Factische und juristische Gewere.

Die Gewere an Sachen findet sich in unsern Quellen in einer doppelten Gestaltung. Sie ist nämlich entweder:

[7]) Bruns, das Recht des Besitzes, S. 329 ff. S. 334.

[8]) Schwäb. Lehne-R. 96. lehen ane gewer ist nit lehen. Bruns a. a. O. S. 333.

[9]) Bruns a. a. O. S. 331 ff.

1. Körperliches Innehaben, corporalis possessio der Sache, oder sie ist

2. ein Zustand der Nichtinnehabung, sie ist begründet auch ohne körperlichen Besitz.

In dem ersten Falle reden die Rechtsbücher von hebbender Gewere [10]), schwerlich auch von ledigliche r[11]) und gemeiner [12]). Unsere Neuern bezeichnen diese Art der Gewere als factische nach dem Vorgange von Albrecht [13]), oder als reelle nach dem Vorgange von Gaupp [14]).

Für den zweiten Fall entbehren die Quellen eines technischen Ausdrucks [15]). Die Neuern bedienen sich der termini juristische und ideelle Gewere, die ebenfalls von Albrecht [16]) und beziehungsweise Gaupp [17]) herstammen.

Die hebbende Gewere — dies hat bereits Albrecht genügend nachgewiesen — umfaßt die körperliche Innehabung jeder Art,

---

[10]) Richtsteig Lehnrechts 15, §. 8. Wente allene hebbe he (der Mann) die hebbende gewere, dar umme is de here des lenes gewere de vorder (d. h. hier: der Fernere) nicht to betügende.

Das. 29, §. 7. eine hebbende gewere dat is dat du de nut darut borest.

[11]) A. M. Albrecht a. a. O. S. 8. 9. f. aber Homeyer des Sachsensp. Thl. II, Bd. 2, S. 404.

[12]) A. M. Albrecht a. a. O. S. 8. f. aber Gaupp in der Zeitschrift f. d. R. Bd. I, H. 1, S. 102 ff.

[13]) A. a. O. §. 4.

[14]) A. a. O.

[15]) Anderer Meinung ist Brackenhoeft in der Zeitsch. für d. R. Bd. III, H. 1, S. 1 ff. Nach ihm soll der Ausdruck rechte Gewere, den man gewöhnlich nur von der Gewere von Jahr und Tag und der rechtmäßigen Gewere versteht, für die juristische Gewere der technische gewesen sein. Er hat aber diese Behauptung nicht quellenmäßig zu begründen gewußt.

[16]) A. a. O.

[17]) A. a. O.

Innehabung in eigenem, wie in fremdem Namen [18]), unrechtmäßige, wie rechtmäßige [19]).

Juristische Gewere wird dagegen von unsern Quellen in folgenden Fällen bezeugt [20]):

I. In einer Reihe von Fällen, in denen der körperliche Besitz noch nicht erworben, wohl aber ein Recht auf dessen Erwerbung vorhanden ist.

Dahin gehören:

1. Die Gewere durch Auflassung [21]).

---

[18]) Sächs. Lehn-R. 62, §. 1. nieman ne mach sime herren gut mit der gewere untvören des ammechtmann he is, of he't eme to lene segel, went im sin herre al sin gut iu sine gewere bevolen hevet.

[19]) Sächs. Land-R. II, 24. Man ne sal niemanne ut sinen geweren wisen von gerichtes halven, al si he dar mit unrechte an kommen.

[20]) Auch über den Umfang der juristischen Gewere herrscht im Allgemeinen Einigkeit; einzelne Punkte, die insbesondere zwischen Homeyer und Albrecht streitig sind, dürfen daher gelegentlicher Erörterung vorbehalten bleiben.

Ganz eigenthümliche Ansichten hat freilich auch hier wieder Brackenhoeft. Er gibt der juristischen Gewere einen viel begränztern Umfang, als dies im Texte geschehen ist, dann aber auch immer die Kraft der rechten Gewere, d. h. des Besitzes von Jahr und Tag. —

Inwiefern der letztern Bemerkung Wahrheit zukommt, kann vorläufig dahingestellt bleiben, die Unrichtigkeit der erstern Bemerkung — sofern unter juristische Gewere nichts anders verstanden wird, als Gewere ohne corporalis possessio — wird dagegen aus den in den Noten zusammengestellten Quellenzeugnissen, auch ohne besondere Ausführung erhellen. —

[21]) Gewere durch Auflassung wird bezeugt:

1. Für das Gebiet des Lehnrechts schon durch:

Sächs. Lehnrecht 39, §. 3. Of en man enem anderen gut uplet vor sime herren, tohant so hevet he die gewere an me gude, die des erren mannes was.

Sächs. Lehnrecht 57, §. 1. Liet en herre wive oder manne gedinge an enes mannes gude, stirft jene dar na die't in geweren hevet, die gewere des gudes is irstorven uppe dene deme it gedinge gelegen was.

Diese beiden Stellen handeln jedoch, wie der Augenschein lehrt, nur von der Belehnung mit schon begründeten (auch dem Herrn nicht heimgefallenen) Lehnrechten. Es entsteht daher die Frage: ob wir die Belehnung mit neuzubegründenden (oder dem Herrn heimgefallenen) Lehnrechten

2. Die Gewere durch richterliches Urtheil [22]).

---

ebenfalls als Quelle einer juristischen Gewere anzusehen haben. Homeyer, der diese Frage zuerst angeregt hat, verneint dieselbe, a. a. O. II, 2, S. 417. 421. Ob mit Recht? kann erst weiter unten erörtert werden.

2. Für das Gebiet des Landrechts finden wir dagegen diese Art der Gewere erst anerkannt im Verm. Sachsensp. I, 25 pr. I, 39, 4. (beide Stellen sind abgedruckt zu der ersten Abh. §. 1, Note 21).

Dagegen war sie (wenigstens im Sinne dieser Stellen) noch fremd den Goslaer Stat. 495, 24, 25 (Abh. 1, §. 1, Note 30) und dem Sächs. Land-R. III, 83, §. 1 (Abh. 1, §. 1, Note 29), wie bereits Albrecht a. a. O. S. 75 ff. ausführlicher bewiesen hat.

[22]) Ein Zeugniß für diesen Fall der Gewere findet Albrecht a. a. O. S. 37 schon in dem

Sächs. Land-R. III, 83, §. 1. Svat man enem manne oder wive geft dat sollen sie besitten dre dage. Svat sie mit klage ervorderet, oder uppe sie geervet wirt, des ne dorven sie nicht besitten.

Vgl. mit den Goslaer Stat. 495, 24 und 25.

Aus der Vergleichung dieser Stellen wird denn auch allerdings gewiß:

1. daß es der Uebergang juristischer Gewere ist, hinsichtlich dessen der Sachsen-Sp. die Frage aufwirft, ob zu dem gerichtlichen Urtheil ein Besitzen hinzukommen muß und

2. daß der Spiegler diese Frage verneint, also das Besitzen nicht als Bedingung des Uebergangs der Gewere betrachtet.

Allein zwischen Zuurtheilung und Besitzen, d. h. sessio triduana liegt noch ein Drittes in der Mitte: die einfache Besitznahme. Ob nun diese zu dem Urtheil hinzukommen mußte oder gleichfalls außerwesentlich war, läßt die Stelle ganz unentschieden. Man wird daher einen Uebergang der Gewere durch gerichtlichen Zuspruch aus ihr nicht voll beweisen können.

Ebensowenig kann man sich für die juristische Gewere durch Urtheil mit Albrecht a. a. O. berufen auf

Sächs. Lehn-R. 39, §. 1. Sweme sin gut mit lenrechte verdelt wert, die sal der gewere darven.

Diese Stelle, der leicht andere Zeugnisse beigefügt werden könnten, beweist offenbar nur, daß das Urtheil dem bisherigen Besitzer die Gewere entzog, nicht aber auch den Erwerb derselben durch einen Andern.

Dagegen finde ich allerdings ein klares Zeugniß für die Gewere durch Richterspruch in den

Orlamünder Stat. 7 (Walch, Beitr. II, 72) wenn cyn burger dem andern obirslagit huss und hoff, da sol der richter die gewere und unser stadtknecht die hülfe tun.

Diese Stelle mit Brackenhoeft, a. a. O. S. 18, Note 2, nur von

3. Die Gewere durch Erbgang [23]).

II. In einer Reihe von Fällen, in denen die körperliche Innehabung verloren ist, aber ein Recht auf deren Wiedererlangung besteht.

Die einzelnen Fälle sind diese:

1. Die Gewere desjenigen, von dem ein Anderer besitzt, sei es nun

a. daß dieser Andre auch für jenen besitzt [24]), sei es

---

hebbender Gewere zu verstehen, halte ich nicht für zuläßig; sie würde sonst allzu nichtssagend sein. —

[23]) Dieser Fall der juristischen Gewere wird am deutlichsten bezeugt für das Gebiet des Lehnrechts in

Sächs. Lehnr. 6. die vader erft uppe'n sone die gewere des gudes mit sament deme gude.

Richtsteig Lehn-R. 22, §. 5. de vader ernt up den sone also vaste die gewere des gudes also dat gud.

Ein Zeugniß für das Gebiet des Landrechts findet Albrecht a. a. O. S. 33 in dem Sächs. Landr. III, 83, §. 1, vgl. mit dem Gosl. Stat. 495, 24, 25. Gegen diese Beweisführung ist aber alles das anzuwenden, was bereits Note 23 hinsichtlich des analogen Raisonnements zur Begründung der Gewere durch richterliches Urtheil ausgeführt worden ist.

Dagegen scheint mir ein Zeugniß der juristischen Gewere durch Erbgang auch für das Gebiet des Landrechts gegeben in folgender Stelle:

Sächs. Lehn-R. 26, §. 9. Nieman ne mach ene rechte gewere gewinnen mit lenunge oder mit sattunge noch mit uplatene an enes kindes gude, dat up it kind erstorven is to landrechte oder to lenrechte binnen sinen jaren, dar he ime sine rechten unde sine erren geweren mede breken moge die up it kint geerft is, noch die uppe den it geerft wert mit unrechte binnen des kindes jaren.

[24]) Beispiele bieten:

1. Die Gewere des Verwalters (Amtmanns), sächs. Lehn-R. 15, §. 8 (oben Note 10).

2. Die Gewere des Vormunds.

Sächs. Lehn-R. 74, §. 1. hevet en man gut in geweren sunder lene von vormundscap sines wives oder kindes oder let en man sime brudere sin gut in sine gewere ane des herren willen unde ane sine witscap, stirft die belende man die wile, jene die süsgedane were dar an hevet spriet he dar len an, dat ne mach he al ene uppe'n hilgen nicht behalden, he mut it getügen; of jene die't gedinge dar an hadde oder die

b. daß er für sich selber besitzt, bloß precario [25]) oder zu fester Berechtigung [26]).

2. Die Gewere des seines Besitzes widerrechtlich Entsetzten [27]).

---

herre deme it ledich wert büt dat to getügene, dat sin man dat gut in sines lenes geweren hadde want an sinen dot.

[25]) Vgl. die in der vorigen Note angezogene Stelle in den Worten: „let en man sime brudere sin gut in sine gewere ane des herren willen und ane sine witscap."

[26]) Beispiele bieten:

1. Die Gewere des Lehnsherrn.

Sächs. Lehn=R. 38, §. 2. Al hevet die man it gut in sinen geweren mit der nut darumme n'is sime herren die lenes gewere deste verner nicht.

Richtsteig Lehnrechts 15, §. 8. Wente allene hebbe he de hebbende were, dar umme is de here des lenes gewere de vorder nicht to betügende unde to beholdende jegen sinen heren, dor des willen dat id sin man van siner wegen in geweren heft.

2. Die Gewere des Mannes an der Morgengabe.

Bair. Landr. (Heumann S. 87). Es sol ein jeglich fraw, die bemorgengabt wirt, alle die gewer haben, die ir wirt gehabt hat, an der morgengab, an das der wirt der nucz gewaltig sol sein.

[27]) Ob dieser Fall der Gewere dem Sächs. Lehnrecht bereits bekannt war oder nicht, ist streitig.

Verneint wird die Frage von Homeyer a. a. O. II, 2, S. 413. 421 und 423 wegen

Sächs. Lehnrecht 11, §. 1. Svelk gut man aver nimt mit gewalt deme manne, unde he dat irvolget mit rechter klage, dat gut erft he an sinen herren, al darve he der gewere, of he der rechten klage getüch hevet.

Sächs. Lehn=R. 22, §. 4. Svar aver dem manne sin gut mit gewalt genommen wert, die sal sine klage jarlekes vernien, durch dat he der gewere darvet.

Bejat trotz dieser Stellen, weil er sie nur auf hebbende Gewere bezieht, von Kraut Vormundsch. Bd. II, S. 348. 349 (§. 79, Note 2).

Auch auf diese Frage behalten wir uns vor, weiter unten zurückzukommen.

Hier mögen nur noch die Zeugnisse zusammengestellt werden, welche juristische Gewere des widerrechtlich Entsetzten wenigstens für die spätere Zeit deutlich anerkennen.

Das älteste (freilich doch nicht ganz entschiedene) ist:

III. Weder der ersten, noch der zweiten Kategorie angehörig und vereinzelt steht dagegen da die Gewere des mit der Frau beliehenen Lehnvormunds. Denn diesem gebürt in der

---

Richtsteig Lehnrechts 29, §. 3. — — Dar vrage jene wedder ; don he dat upborde dat ik in lene unde in geweren hebbe, dat clagede ik ju unde bidde enes rechtes, eft ik dar umme der were deste vorder si. hir vrage wedder : here ik bidde enes ordels, sint ik dat geclaget hebbe, dat he mi dat gud nimmet unde dat to unrechte upboret, eft he an dem gude iemmer rechte boringe krigen moge, de wile dat he miner clage nicht ave lecht met rechte. So vindme he ne moge.

Im ersten Theile der Stelle legt sich eine Parthei zum Zwecke der Erlangung des Beweisrechts troß widerrechtlicher Entseßung Gewere bei. Der Schluß der Stelle läßt aber offenbar unklar, ob der Richter diese Ansicht theilte. Denn er spricht zwar dem widerrechtlichen Besitzer Beweisrecht ab, aber dem widerrechtlich Entseßten weder Beweisrecht, noch Gewere zu. (So schon Homeyer, S. 414).

Unzweideutige Zeugnisse der juristischen Gewere durch widerrechtliche Entseßung sind dagegen :

Schwäb. Lehnr. art. 77. ob der herre dem man sin gut verteilt mit unrechte . . . daz schadet jenem nüt, er habe sine gewer für sich. (Bei Albrecht S. 31 wohl durch einen Druckfehler dem Sächs. Lehnrecht beigelegt).

Art. 96. — swem man sine gewer mit gewalt nimt der verliuset weder gewer noch leben.

Bair. Land-R. (Heumann S. 108). ob iemant ains aigens oder ains lehens saecz pey nucz und pey gewer, und wurd er dez enwert — oder von welchem gewalt daz geschaeh, daz sol dem unschedlich sein an seiner gewer.

Schwerlich aber auch :

Urtheilsspruch aus Hessen v. 1314. (Senkenb. sel. jur. et hist. Tom. III, p. 547). dafs raub oder brant yme an der were nicht schaden mag.

Magdeburger Schöffenurtheil (bei Böhme Diplomat. Beitr. VI, 152) un spricht der todtin frauen man — froginde sint dem mole das her alle farende habe der frau . . . . in sine gewere entpfangin hette, ob die vorg. frau ymandt wedir sinen willen und one seynen willen icht geantwortet hette, ob man seine gewere domete gebreehen mag? (Die Schöffen verneinen es.)

Zobel'scher Text des Sächs. Lehnrechts 22, §. 4. Svar aver dem mane sin gut mit gewalt genomen wert, der sal sine klage jarlikes vornien, auff das er des gutes gewere nicht vorliere, sondern das gut in steter ansprache behalde.

That weder ein Recht auf Erwerbung, noch ein Recht auf Wiedererlangung des körperlichen Besitzes des Lehnguts [28]). —

Was ist nun das Wesen der Gewere der einen und der andern Art, das ist die Frage, welche seit dem Erscheinen des Albrecht'schen Buchs die Germanisten vielfach beschäftigt hat, ohne daß es doch bisher einem Forscher gelungen wäre, die widerstreitenden Ansichten zu einigen.

Albrecht [29]), den wir den Vater der ganzen Theorie der Gewere nennen dürfen, ging von folgenden zwei Sätzen aus:

1. Factische und juristische Gewere sind Gegensätze.

2. Sie verhalten sich zueinander wie Thatsache und Recht, jene ist factische Herrschaft, Besitz, diese rechtliche Herrschaft, dingliches (Klag-) Recht.

Versteht man in diesen Stellen die Ausdrücke schaden, gebrechen, verlieren von einem blos provisorischen Verluste, dann sind dieselben freilich deutliche Zeugnisse juristischer Gewere durch widerrechtliche Entsetzung. Denn daß die hebbende Gewere durch Dejection verloren geht, darüber konnte kein Zweifel sein. Wenn also in unsern Stellen besonders hervorgehoben wird, daß dem widerrechtlich Entsetzten eine Gewere bleibe, so kann dies nur von einer juristischen verstanden werden. —

Allein offenbar ist jene Erklärung der Ausdrücke schaden, verlieren, gebrechen falsch. Sie sind sämmtlich zu verstehen vom definitiven Verluste, von dauernder Entziehung der Gewere. Da sich diese aber auch für die hebbende Gewere nicht von selbst verstehen, so braucht man die Bemerkung: daß die Gewere des widerrechtlich Entsetzten nicht verloren, gebrochen, beschädigt sei, auch nicht von juristischer Gewere zu verstehen.

[28]) Sächs. Lehnrecht 56, §. 1. Ok mach die man gut untvan mit ener vrowen, so dat he sie an deme gude vorsta unde volge dar mede an enen anderen herren of ire herre sterve, dat in der volge tostat, wende sie des herschildes ne hevet. Die man hevet den herschilt, unde die gewere von der vrowen halven an deme gude, durch dat hevet he die volge dar an. — §. 2. Stirft awer die vrowe von der he die gewere hevet an' me gude etc. . . .

Daß nämlich die hebbende Gewere in diesem Falle der Frau zukommt, versteht sich von selbst, die Stelle sagt es aber auch ausdrücklich:

§. 4. — — durch dat sie in den geweren sit . . .

§. 5. he hevet die lenunge unde den herschilt unde sie hevet die selve lenunge unde die gewere.

[29]) A. a. O. §. 4.

Im großen Ganzen sind nun diese beiden Sätze fast von allen spätern Forschern über Gewere adoptirt worden, fast alle sind darüber einig, daß factische und juristische Gewere von einander zu sondern sind und daß diese Sonderung gegeben ist durch den Gegensatz von Thatsache und Recht der Herrschaft.

Worin sie von Albrecht abweichen, das ist eigentlich nur die genauere Feststellung des Begriffs der juristischen Gewere.

1. Albrecht dachte sich diese nicht sowohl als das dingliche Recht selbst, sondern vielmehr als das Recht dinglicher Klage.

Seine Gründe sind diese:

1. Juristische Gewere kommt nach seiner Meinung zu jedem seines Besitzes widerrechtlich Entsetzten, sein Besitz mag beschaffen sein, wie er will [30]). Wir fänden also juristische Gewere ohne dingliche Berechtigung.

2. Juristische Gewere kommt dagegen nicht zu dem Eigenthümer fahrender Habe, der diese aus seiner hebbenden Gewere gelassen hat [31]). Wir fänden also dingliche Berechtigung (Eigenthum) auch ohne juristische Gewere.

Dagegen wollte nun Gaupp [32]) unter juristischer Gewere das dingliche Recht selbst verstehen. Eine dingliche Klage, meinte er, setze ein dingliches Recht voraus, darum werde die juristische Gewere richtiger aufgefaßt, als das dingliche Recht selber.

Albrecht wie Gaupp beschränken den Begriff der juristischen Gewere nicht auf bestimmte Arten der dinglichen Berechtigung. Gerade hierin weichen nun aber manche Neuere von ihnen ab, indem sie unter juristischer Gewere nur besondere

---

[30]) A. a. O. S. 16. S. 97 — 98.

[31]) A. a. O. §. 11.

[32]) Zeitschr. für d. R. Bd. 1, H. 1. S. 101. — Uebrigens scheint Gaupp später in seiner Ansicht schwankend geworden zu sein, da die Fortsetzung seines Aufsatzes noch immer fehlt.

Arten des dinglichen Rechts (oder Klagrechts) verstehen. So denken sich:

1. Phillips [33]) und Renaud [34]) unter juristischer Gewere offenbar nur das dingliche Recht an Immobilien, weil nur dieses ein vollkommenes, d. i. auch die freiwillige Entwerung überdauerndes ist.

2. Brackenhoeft [35]) aber, offenbar nach dem Vorgange Eichhorn's [36]), denkt sich unter der juristischen Gewere nur die s. g. rechte Gewere, d. h. dingliche Berechtigung, die der Berechtigte auch ohne Zuhülfenahme seines Autors gerichtlich vertreten kann. Ein Recht selbstständiger Vertretung nimmt er nämlich an nicht blos für den Fall der Gewere von Jahr und Tag, nein er läßt es, unter gewissen Voraussetzungen durch Auflassung, Urtheil, Erbgang sofort d. i. auch vor Ablauf von Jahr und Tag begründet werden. —

Zu allen diesen Ansichten ist aber neuerlich Homeyer [37]) in einen wesentlichen Gegensatz getreten.

Er läugnet, daß hebbende und juristische Gewere durchgreifende Gegensätze sind, er läugnet nicht minder für die letztere die Bedeutung dinglicher Berechtigung oder Klagberechtigung. An die Stelle der früher aufgestellten Theorien der Gewere setzt er aber die folgende:

Es sind zweierlei Fälle der juristischen Gewere zu sondern:

1. Die Fälle, in denen ein Anderer von und für denjenigen besitzt, dem die Gewere zugeschrieben wird.

---

[33]) Deutsches Privat-R. (Aufl. 3) §. 58. Bd. I, S. 406: Gewere „ist die rechtmäßige, vom Gerichte anerkannte Herrschaft eines freien Mannes über ein Grundstück."

[34]) Deutsches Privat-R. §. 242. vgl. §. 243.

[35]) In der Ztschr. für d. R. Bd. III, H. 1, S. 1 ff.

[36]) Einl. in das d. Privat-R. §. 156. D. St. u. R.-G. Bd. II, §. 355.

[37]) Sachs.-Sp. II, 2. S. 393 ff.

In diesem Falle betrachtet er die Gewere als Besitz durch Stellvertretung. Eines solchen, meint er, könne kein Besitzrecht entbehren, daher das besondere Recht nur feststelle, welche Inhaber noch als Vertreter gelten sollten und die Folgen näher bestimme. Dieser erste Fall juristischer Gewere beruhe also auf einer Erweiterung des Besitzes über das unmittelbare körperliche Innehaben hinaus.

2. Die Fälle, in denen das einmal begründete dingliche Recht durch Tod oder Veräußerung auf ein anderes Subjekt übergehe.

In diesem Falle soll die Annahme der Gewere auf dem Gedanken beruhen, daß Gewere gleich unserm heutigen Ausdrucke Besitz nicht bloß ein thatsächliches, sondern auch ein rechtliches Verhältniß bezeichnen könne.

Zunächst das jus possidendi (nicht das dingliche Recht) desjenigen, der die Sache nicht wirklich inne hat, so in den Stellen, die von einem breken, vertheilen der Gewere sprechen.

Dann aber auch das von dem Innehaben getrennte Recht auf den Besitz, wie eben in den oben angeführten Fällen des Uebergangs der begründeten dinglichen Berechtigung durch Tod und Erbgang.

Unerklärt läßt diese Theorie, wie man sieht, die Gewere durch Auflassung neubegründeter dinglicher Rechte und die Gewere des widerrechtlich Entsetzten. Darum weil Homeyer in diesen Fällen juristische Gewere zwar nicht überhaupt, aber doch für die sächsischen Lehnrechsbücher negirt, deren Recht darzustellen der nächste Zweck seiner Arbeit war.

Unerklärt bleibt aber auch die Gewere des Lehnsvormunds des weiblichen Vasallen, obschon deren Erklärung durch den Plan von Homeyer's Darstellung keineswegs ausgeschlossen war. Denn an einen Fall gewöhnlicher Gewere durch Stellvertretung denkt doch wohl auch Homeyer hier nicht.

Nach meiner Meinung hat jede dieser Ansichten einen Theil der Wahrheit, keine die ganze Wahrheit erfaßt.

Das Wesen der Gewere muß nämlich, wie ich glaube, in folgender Weise bestimmt werden:

Gewere, auch juristische Gewere, ist zunächst Besitz, und zwar nicht etwa blos in dem Falle der Gewere durch Stellvertretung, für die schon Homeyer die Bedeutung Besitz vindicirt, sondern nicht minder in allen andern Fällen der juristischen Gewere, in denen dieser Gelehrte ihr nur die Bedeutung Recht der Besitzergreifung zuweisen will.

Gewere, hebbende wie juristische, bedeutet sodann aber auch (und insofern ist also die herrschende Lehre gegen Homeyer in Schutz zu nehmen) dingliche Berechtigung.

Und zwar muß die Gewere in dieser zweiten Bedeutung gedacht werden, als die dingliche Berechtigung selbst, nicht blos das dingliche Klagerecht und zwar als dingliche Berechtigung jeder Art; ich trete mithin, was deren genauere Bestimmung angeht, durchweg der Ansicht von Gaupp (und was den letzten Punkt angeht, auch Albrecht) bei.

Dieses sind die Sätze, die nunmehr genauer darzulegen und zu beweisen sind.

Soll aber diese Darlegung, dieser Beweis gelingen, so muß ich mich zuvor mit meinen Lesern über eine andere Materie vereinen, die für die Haupterörterung, wie zum Theil schon aus dem Bisherigen erhellt, präjudicirlich erscheint, ich meine über die rechtlichen Wirkungen des Besitzes.

Freilich hat sich auch diese Lehre durch und seit Albrecht so großer Theilnahme zu erfreuen gehabt, daß es scheinen könnte, als dürfte eine Verweisung auf die Ausführungen der Vorgänger genügen. Allein einmal sind auch hier wieder die Stimmen über manche, für uns wesentliche Punkte, noch keineswegs einig, und andrerseits ist ein für meine Ansicht sehr bedeutsamer Punkt, der Einfluß des Besitzes auf die Erwerbung und Bewahrung der dinglichen Berechtigung, noch fast ganz unerörtert geblieben, es wird also ein näheres Eingehen auf die fragliche Lehre nicht ganz umgangen werden können.

Doch werde ich natürlich alle die Parthieen, die für den besonderen Zweck unserer Darstellung nicht von Bedeutung sind, nur kurz berühren, nicht erschöpfen. —

§. 2.

Von den Wirkungen des Besitzes.

Folgendes ist das Verzeichniß der Wirkungen des Besitzes, welches unsere Compendien nach dem Vorgange Albrecht's [38]) aufzustellen pflegen:

I. Jeder Besitz soll geben:

1. Das Recht der Selbstvertheidigung im Besitze [39]).

2. Gewisse processualische Vortheile [40]), insbesondere das Beweisrecht [41]).

3. Bußklagen wegen Störung oder Entziehung des Besitzes [42]).

---

[38]) A. a. O. §. 3.

[39]) Sächs. Lehn-R. 38, §. 4. Man ne sal niemanne von sinen geweren wisen, sie ne si ime afgewunnen mit rechte.

[40]) Als Ausfluß des Selbsthülferechts aus der Gewere betrachtet Wilda in der Zeitschr. für d. R. Bd. I, H. 2, S. 217 ff. auch das Pfändungsrecht wegen verletzter Gewere. Dagegen soll es nach Albrecht a. a. O. S. 29 ein Ausfluß des Satzes sein, daß die Gewere an Immobilien auch die Gewere an den auf denselben befindlichen Mobilien gebe. (Vgl. Note 43.)

[41]) Vgl. hierüber Albrecht doctrinae de probatione secundum jus Germanicum medii aeri adumbratio. Regiom. P. 1, 1825. P. 2, 1827. Planck in der Zeitschr. für d. R. Bd. X, Nr. 9, S. 205 ff. Jolly über das Beweisverfahren nach dem Rechte des Sachsenspiegels. Heidelbg. 1846.

[42]) Albrecht a. a. O. S. 4 ff. und besonders Bruns a. a. O. S. 296 ff. S. 325.

4. Klagen auf Behauptung des gestörten resp. Wiedererlangung des entzogenen Besitzes.

II. Der Besitz von Immobilien soll geben auch den Besitz der darauf befindlichen Mobilien [43]).

III. Der qualificirte Besitz von Jahr und Tag, die s. g. rechte Gewere, endlich soll zu Eigenthum oder sonstiger dinglicher Berechtigung führen [44]).

Abgesehen von einigen Anständen, die für unsere Erörterung nicht von besonderem Interesse sind, möchte ich diesem Verzeichnisse der Besitzwirkungen vornämlich zwei Einwendungen machen.

Erstens nämlich finde ich dasselbe zu weit, es vindicirt dem Besitze eine Wirkung, die ihm nach meiner Meinung nach älterem Rechte nicht zukam. Ich meine die Erzeugung von Klagen zur Behauptung und Wiedererlangung des Besitzes.

Zweitens aber halte ich dasselbe auch wieder für zu eng, es übergeht eine sehr wichtige Bedeutung des Besitzes, den Einfluß des einfachen Besitzes auf die Begründung und Bewahrung dinglicher Berechtigung.

Und eben diese Ausstellungen sind es, welche uns in dem gegenwärtigen §. etwas näher beschäftigen sollen. —

---

[43]) So zuerst Albrecht a. a. O. S. 19 ff. Dagegen aber jetzt Gerber in Richter und Schneiders crit. Jahrb. für deutsche Rechts-W. Jahrg. 1846, S. 787. 788.

Die gegenwärtige Erörterung über die Wirkungen des Besitzes darf sich eines nähern Eingehens in diese Streitfrage, ebenso wie in die damit zusammenhängende, in Note 40 berührte, enthalten, da deren Lösung für den Hauptgegenstand unserer Untersuchung, die Frage nach dem Wesen der Gewere, von keiner Erheblichkeit ist.

[44]) Uebrigens ist Streit, ob die rechte Gewere als Acquisitiv- oder nur als Extinctivverjährung zu betrachten ist. Für die letztere Ansicht besonders Eichhorn Einl. in das d. P.-R. §. 57 b und D. St. u. R. G. Bd. II, §. 357, für die erstere, wie mir scheint, richtiger, Albrecht a. a. O. §. 13. Auch diese Controverse bedarf jedoch, nach dem besondern Zwecke unserer Ausführung, keiner genaueren Prüfung.

Ich handle zunächst von dem Mangel possessorischer Klagen im ältern deutschen Rechte.

Schon Albrecht [45]) hatte die Behauptung aufgestellt, daß jede Art des Besitzes im Falle unrechtmäßiger Entsetzung eine Klage auf Wiedererlangung des Besitzes gebe; darüber, ob neben diesem remedium recuperandae possessionis auch Klagen zur Behauptung des Besitzes gegen bloße Störungen anzunehmen seien, hat er sich nicht ausdrücklich erklärt.

Dagegen war dann Mittermaier [46]) geradezu mit der Ansicht hervorgetreten, daß der gesammte Besitzproceß des canonischen Rechts, soweit er über den des römischen Rechts hinausgehe, aus germanischer Grundlage erwachsen sei.

Die ersten Zweifel gegen diese Meinung hat Duncker [47]) erhoben. Er gab zwar zu, daß das deutsche Recht von jeher ein remedium recuperandae possessionis gekannt habe, negirte dagegen das Vorkommen der remedia retinendae possessionis für das ältere Recht.

Auch das Vorkommen einer Besitzklage auf Wiedererlangung des entzogenen Rechts wird aber jetzt für das ältere deutsche Recht geläugnet von Homeyer [48]) und Bruns [49]), und für das ältere französische Recht von Warnkönig [50]). Und ich nehme keinen Anstand, den Ansichten dieser Gelehrten vollkommen beizupflichten.

Das ist freilich nicht in Abrede zu stellen, daß auch das ältere Recht Streit über Behauptung und Wiedererlangung des

---

[45]) A. a. O. S. 15.

[46]) Der gemeine deutsche Proceß. Beitrag IV, S. 301 ff. — Aehnlich Zöpfl, D. St. u. R.-G. Ausg. 2, Bd. II, Abth. 2. §. 102. §. 109.

[47]) In der Zeitschr. für D. R. Bd. II, H. 2, S. 24 ff.

[48]) Sachsensp. II, 2, S. 407.

[49]) A. a. O. §. 36. 37. (S. 285 ff.)

[50]) Franz. St.- u. R.-G. Bd. II, S. 297 ff.

Besitzes kannte, zur Feststellung des Beweisrechts, als Theil des petitorischen Rechtsstreits [51]).

Allein selbst in diesem Falle trat in der Regel keine gesonderte Verhandlung [52]) über Besitz und Recht ein. Und noch viel weniger waren dem älteren deutschen Rechte selbstständige Klagen über Besitz geläufig.

Darüber kann die unbefangene Betrachtung der älteren Quellen (d. h. aller Quellen bis zu dem 12. und 13. Jahrh.) keinen Zweifel lassen. Ueberall, wo sie des Rechtsstreits über Sachen gedenken, gedenken sie desselben nur als petitorischen Streites. Keine einzige Stelle, in der man eine zuverlässige Spur possessorischer Rechtsmittel fände. Das hat insbesondere Bruns [53]) in sehr gründlicher Weise dargethan. —

Zweifel mag freilich beim ersten Anblick der Umstand erregen, daß wir seit dem 12. und 13. Jahrhundert in Frankreich [54]) und in Deutschland [55]) neben den petitorischen selbstständige possessorische Rechtsmittel finden.

---

[51]) Homeyer a. a. O.

[52]) „Dennoch kommt es auch hier nicht zu einem besondern Verfahren über den Besitz oder etwa besseren Besitz, nicht zu der Frage, wer in dem Nachweise dieses Besitzes den Beweisvortheil habe, also etwa die Stellung des Beklagten im gemeinrechtlichen possessorium einnehmen solle? Wir finden nämlich, daß man die Behauptungen der Partheien über ihren Besitz, erforderlichenfalls über ihr Recht gegeneinander abwägt und hiernach den Beweis ertheilt, der sodann Besitz und Recht umfaßt, so daß zuweilen ein doppelter Beweisakt, aber nicht ein vom petitorium geschiedenes possessorium stattfindet." Homeyer a. a. O. S. 407.

[53]) A. a. O. — Daß insonderheit die von Duncker a. a. O. S. 42 ff. gesammelten Urkunden — nämlich als Zeugnisse canonischer Rechtsanschauung — ganz unbeweisend sind, ergibt sich aus dem, was bereits Bruns a. a. O. S. 329, Note 1, freilich zunächst gegen einen andern Punkt der Duncker'schen Ausführung über Quasibesitz bemerkt hat.

[54]) Bruns a. a. O. §. 42. (S. 352 ff.) Warnkönig franz. St. u. R.-G. II, §. 113 ff. (S. 297 ff.)

[55]) Bruns a. a. O. S. 325 ff.

Allein bei genauerer Betrachtung überzeugt man sich leicht, daß ein Schluß aus dem späteren auf den früheren Rechtszustand in unserm Fall in der That nicht gerechtfertigt erscheint.

Es läßt sich nämlich zeigen, daß die Gründe, aus denen die spätere Zeit eines gesonderten petitorii nicht entbehren mochte, dem ältern Recht noch unbekannt waren.

Bekanntlich besaß das ältere deutsche Proceßrecht nur Ein materielles Beweismittel, das Gerichtszeugniß, in der Regel entschieden formelle Beweismittel, Eid, Gottesurtheil über Recht und Besitz [56]). Dadurch gewann auch das petitorium in älterer Zeit eine Kürze, welche in unsern Tagen selbst für das possessorium vergeblich erstrebt wird. Ein besonderes petitorium war mithin damals durchaus kein Bedürfniß.

Bei manchen Völkern scheint indessen der alte Grundsatz der Formalität der Beweismittel schon in den Zeiten der Völkerwanderung erschüttert worden zu sein. Wenigstens finden wir schon in den leges barbarorum Spuren einer Benutzung des Privatzeugnisses und Urkundenbeweises, von dem der Sachsenspiegel und die sächsischen Rechtsbücher, die sich an diesen unmittelbar anschließen, noch keine Kunde haben [57]). Je mehr nun das Princip der Materialität des Beweises bei den westlichen und südlichen Germanen Fortschritte machte, um so mehr mußte die alte Einfachheit des Processes schwinden, um so mehr mußte auch ein gesondertes possessorium zum Bedürfnisse werden.

So erklärt sich leicht die Abweichung des späteren von dem älteren Rechte. Zum Schlusse nur noch ein Wort über das Alter derselben in Deutschland.

---

[56]) Ich habe bereits in der ersten Abhandlung (S. 39 ff.) Gelegenheit gehabt, auf die Eigenthümlichkeiten des ältern deutschen Proceßrechts hinzuweisen.

[57]) Auch dieser Punkt ist bereits in der ersten Abhandlung (a. a. O.) besprochen.

Nach der Ansicht von Bruns [58]) soll sich die erste Spur eines selbstständigen possessorii finden in dem Landfr., den Rudolf I. durch Vereinbarung mit den baierischen Fürsten und Bischöfen im Jahre 1281 für die baierischen Länder einführte. (art. 4.)

Auf diese Grundlage führt er dann auch einige Bestimmungen des baierischen Landrechts (art. 205 und 206) zurück.

Nach meiner Ansicht sind aber in der That die ersten Versuche der Einführung possessorischer Rechtsmittel über 100 Jahr älter. Wenigstens für das Gebiet des Lehnrechts finde ich nämlich solche unzweideutig in zwei Artikeln des ersten Landfriedens Friedrich's I., der, nach Pertz, schon in das Jahr 1056 gesetzt werden muß, und bekanntlich auch in das lombardische Lehnrecht [59]) übergegangen ist.

Die bezüglichen Stellen [60]) lauten also:

§. 9. Si duo homines pro uno beneficio contendunt et unus super eodem beneficio investitorem producit: illius testimonium cum investitor donum investiturae cognoscit, Comes primo recipiat et si idem probare poterit idoneis testibus, quod absque rapina hoc idem beneficium habuit: **remota controversiae materia** id obtineat. Quod si de rapina praesente judice convictus fuerit: rapinam dupliciter solvat: beneficio vero careat, nisi justitia et judicio dictante illud **in posterum** requirat.

§. 10. Si tres vel plures contendunt de eodem beneficio, producentes utrimque diversos investitores: judex in cujus praesentia causa ventilatur a duobus requirat boni testimonii

---

[58]) A. a. O. S. 325 ff.

[59]) II, F. 27.

[60]) Bruns a. a. O. S. 312 citirt die §§. des Landfriedens als Belege des ältern Rechts. Gewiß gegen den klaren Buchstaben des Gesetzes. Man beachte nur die gesperrt gedruckten Worte, deren Sinn doch unmöglich zweifelhaft sein kann.

hominibus in provincia eorundem litigatorum commorantibus, per sacramentum quod juraverint, quis illorum absque rapina ejus beneficii possessor extiterit et cognita ex ipsorum testimonio rei veritate, possessor beneficium suum **quiete obtineat** : nisi judicio et justitia dictante alter de manu sua illud eripiat.

§. 3.

Von den Wirkungen des Besitzes. Beschluß.

Haben wir soeben eine angebliche Wirkung des Besitzes, an der noch immer viele Neueren festhalten, aus dem Verzeichnisse der Wirkungen des Besitzes streichen zu müssen geglaubt, so wollen wir nunmehr demselben eine andere beilegen, die von unsern Juristen noch immer nicht in vollem Umfange gewürdigt und, selbst soweit sie unzweifelhaft ist, nicht immer gehörig hervorgehoben wird, ich meine die Bedeutung des gemeinen Besitzes (im Gegensatze des Besitzes von Jahr und Tag) für die Begründung und Bewahrung der dinglichen Berechtigung. —

Zuvörderst nämlich kann nicht verkannt werden, daß der Besitz nach deutschem Rechte einer Reihe von Verhältnissen, welche wir heutzutage als bloß persönliche anzusehen pflegen, den Charakter dinglicher Berechtigung ertheilte.

Zwei Sätze, die meines Wissens von Niemanden bestritten werden, geben uns davon Kunde :

1. Wenn ich Jemandem fahrendes Gut leihe, verpfände, zur Bewahrung übergebe, so ist er und nicht ich im Falle der Entwerung zur Anstellung der dinglichen Klage berechtigt [81]).

---

[81]) Die Richtigkeit dieses Satzes würde nicht bezweifelt werden können, selbst wenn wir dafür aller Quellenzeugnisse entbehrten. Denn er

2. Wenn ich Jemandem mein Haus rc. vermiethe und es dann einem Andern verkaufe, so muß der Käufer den Miether die festgesetzte Zeit in dem Hause wohnen lassen [62]).

Eines wie das andere gewiß nur eine rechtliche Bestätigung des factisch bestehenden Zustandes, eine Folge des Besitzes. —

Aber der gemeine Besitz hat noch eine andere Bedeutung für die dingliche Berechtigung. **Ohne Besitz wird kein dingliches Recht übertragen, wer den Besitz der Sache aufgibt, verzichtet eben damit auf sein dingliches Recht.**

---

bildet die nothwendige Ergänzung der Regel : Hand wahre Hand. **Albrecht**, Gewere, S. 83. Zum Ueberfluß wird er uns aber auch ausdrücklich bezeugt, freilich nicht, wie **Albrecht** a. a. O. S. 83, Note 172 annimmt, durch :

Verm. S.=Sp. IV, 13, 5 (vgl. Gosl. St. 531, 96). Tut ein man dem andern icht sines gutis zu getreuer hant zu behalten entwendit her im das, adir wirt is im entwendet von sime gesinde adir von ymanden andirs on seinen willen, do mag sich der man wol czu zihen mit rechte dem is entwert is.

Denn man muß in dieser Stelle das Wörtchen her gewiß auf den Treuhänder, nicht auf den Eigenthümer beziehen, und so bezeugt denn die Stelle einfach eine Ausnahme von der Regel „Hand wahre Hand," die auch anderwärts anerkannt wird. Vgl. **Albrecht** a. a. O. S. 93, Note 192. **Bruns** a. a. O. S. 318, Note 1. — Wohl aber beweist unsern Satz :

Schwäb. Land=R., Laßb. 230. Wackernagel art. 191. Unde ist daz mir ein gut verstolen wirt, daz nut min ist, da sol ie der man (lies mit Wackernagel statt ie der man : ich der) clager sin.

Auch kann man gegen denselben nicht einwenden, daß der Eid bei der dinglichen Klage dahin gelautet habe, daß die Sache „sein", des Klägers sei. Denn das pronomen possessivum bezeichnet hier ganz unverkennbar jedwede Art rechtlicher Herrschaft über die Sache. Vgl. **Bruns** a. a. O. S. 318. 319 und bes. **Planck**, Zeitschr. für d. R. Bd. X, Nr. 9, S. 245. 246.

[62]) Verm. Sachs.=Sp. II, 2, 4. hat ein man sin hus vermitet und verkauft denne das sint der zeit, der das gemitet hat, der hat sin ingedinghe und wolde in der abetriben, der es gekauft hatte, das sal nicht sin; der es gekauft hat, der behalde sin eigen und warte sines zinses.

Vgl. noch **Albrecht** S. 278, Note 798.

Das erkennen für Fahrniß alle neuern Forscher an. Selbst die hohe Autorität eines Eichhorn hat sie nicht daran irre machen können, der Regel „Hand wahre Hand" einstimmig den Sinn zu vindiciren, daß mit dem Aufgeben des Besitzes auch das dingliche Recht (oder doch Klagrecht) verloren geht [63]), und daß dingliche Rechte an Mobilien nur durch Uebertragung des Besitzes übertragen werden, hat vollends noch Niemand bestritten.

Fast ebenso einig ist man aber andrerseits darüber, daß unsere Grundsätze bei Immobilien keine Geltung haben. Das dingliche Recht an Immobilien, so wird einstimmig gelehrt, sei durchaus unabhängig vom Besitze.

Diese Meinung ist aber nach meiner Ansicht nicht haltbar, vielmehr muß dem Besitze auch für das dingliche Recht an Immobilien die Bedeutung vindicirt werden, die ihm bei Mobilien allgemein zugesprochen wird. Gerade dies soll nunmehr etwas näher ausgeführt werden.

Schon die allgemeine Betrachtung der Verhältnisse, die noch ganz absieht von besondern Zeugnissen der Quellen, muß nach meiner Meinung Verdacht gegen die herrschende Ansicht erregen.

Es müßte nämlich von vornherein sehr auffallend erscheinen, wenn dasselbe Recht, das bei Mobilien die rechtliche Herrschaft in einem so maßlosen Umfange von der factischen abhängig macht, bei Immobilien das rechtliche von dem thatsächlichen Elemente

---

[63]) Vgl. statt Aller Albrecht a. a. O. §. 10. — Eichhorn hat seine abweichende Meinung am ausführlichsten in seiner Einleitung in das d. P.-R. §. 170 zu begründen gesucht. Daß sie aber schon aus processualischen Gründen unhaltbar ist, hat neuerlich Planck in der mehrfach cit. Abh. S. 265 ff. sehr überzeugend nachgewiesen. —

Ueber die Ausnahmen von unserer Regel vgl. noch Albrecht a. a. O. §. 11 und insbesondere über die Frage, inwiefern dieselben auf einen allgemeinen Gesichtspunkt zurückgeführt werden können? Bruns a. a. O. S. 315 ff. —

Ob übrigens die Regel „Hand wahre Hand" genauer so zu verstehen sei, daß die Aufgabe des Besitzes nur das dingliche Klagrecht, oder auch das dingliche Recht selbst aufhebe, davon weiter unten.

vollständig emancipirt hätte. Freilich könnte man meinen, daß ja auch sonst der Unterschied zwischen Fahrniß und Grund und Boden im deutschen Sachenrechte die durchgreifendste Berücksichtigung gefunden habe.

Allein diese Bemerkung reicht, wie mir scheint, zur Widerlegung unsers Bedenkens nicht aus.

Zwar bin auch ich keineswegs gewillt, eine gewisse Duplicität des deutschen Sachenrechts auf Grundlage der Eintheilung der Sachen in Mobilien und Immobilien anzuerkennen.

Der größere natürliche und politische Werth, welcher Grund und Boden in älteren Zeiten vor der Fahrniß auszeichnete, mußte jene Duplicität nothwendig zur Folge haben.

Aber das, gestehe ich, ist mir nicht klar, inwieferne daraus die Verschiedenheit der Bedeutung des Besitzes für die Erwerbung des Sachenrechts an Immobilien und Mobilien erwachsen konnte, die man gewöhnlich behauptet, weiß auch sonst keinen innern Grund für eine solche Verschiedenheit [64]).

---

[64]) Man könnte mir einwenden, daß diese Unterscheidung sich als eine dem Bedürfnisse des Güterverkehrs sehr angemessene bewährt habe, daher denn auch noch heutzutage manche Particularrechte die Vindication freiwillig aus der Hand gegebener Mobilien ausschlössen, während sie dieselbe bei Grund und Boden unbedingt zuließen.

Dagegen möchte aber Folgendes zu erinnern sein:

So sehr unsere Regel dem Interesse des Verkehrs entsprechen mag, sobald sie nur dem **m. f.** possessor gegenüber Geltung hat, so bedenklich erscheint sie dem **b. f.** possessor gegenüber.

Selbst die Ausnahmen, wie sie in mehr oder minder umfassender Weise frühzeitig in den Quellen hervortreten, sind nicht geeignet, das Bedenkliche der Regel, diese dem b. f. possessor gegenüber als geltend gedacht, zu beseitigen.

Nun kennen aber die ältern Quellen die Unterscheidung zwischen b. und m. f. p. schlechterdings nicht. Selbst die sonstigen Ausnahmen sind sicher nicht für ursprünglich zu halten. (S. z. B. noch Schw.-Sp. 228—230 und dazu Bruns a. a. O. S. 318.)

Wenigstens in seiner ältesten Gestaltung ist mithin der Satz: „Hand wahre Hand" mit nichten durch die Natur der Sache gerechtfertigt und

Wenn man daher für letztere auf's unzweideutigste die Sätze ausgesprochen findet: Ohne Erwerb des Besitzes keinen Erwerb dinglicher Berechtigung, Aufgabe des Besitzes Aufgabe des dinglichen Rechts — so scheint von vornherein die Vermuthung gerechtfertigt, daß ähnliche Grundsätze auch für die unbeweglichen Güter galten.

Diese Vermuthung erhält noch größere Kraft durch den Umstand, daß wir auch sonst wohl Spuren treffen, die deutlich zeigen, daß das deutsche Recht die dingliche Berechtigung an Immobilien keineswegs so unabhängig vom Besitze dachte, als man gewöhnlich annimmt.

So haben wir schon oben gesehen, daß das deutsche Recht dem Miether, der im Besitze ist, auch gegen den successor singularis des Vermiethers Schutz gewährt. — Einen anderen Beweis bietet die Geschichte des Pfandrechts an Immobilien, indem sie lehrt, daß sich das deutsche Recht dasselbe Jahrhunderte lang nur als Besitz und Genuß der Sache dachte und sich nur langsam zur Anerkennung der s. g. neuern Satzung ohne Besitz erhob [65]).

Auch gehört hierher vielleicht eine bekannte Stelle des lombardischen Lehnrechts, welche ausspricht, daß die Eventualbelehnung, die für die Regel zunächst nur persönliches Recht gibt, ausnahmsweise sofort zur dinglichen Berechtigung wird:

II, F. 3. si ille qui investituram acceperit nomine eius in possessionem missus feudi sit, consentiente eo qui detinet.

Doch will ich auf dieselbe kein allzugroßes Gewicht legen, weil bei Sätzen des liber Feudorum nur zu oft schwer zu be-

---

ebendaher jene Einwendung ganz unstichhaltig. Uebrigens würde dieselbe jedenfalls nur eine Verschiedenheit der Grundsätze der Bewahrung, nicht auch der Begründung der dinglichen Berechtigung erklären.

[65]) Ich darf wohl bezüglich dieses Punktes auf die bekannten Ausführungen von Albrecht a. a. O. §. 16. 17. verweisen.

stimmen ist, ob auf dieselben römische Elemente eingewirkt haben oder nicht.

Zu diesen allgemeinen Gründen kommen nun aber auch noch speciellere Beweise der Richtigkeit unserer Ansicht, sowohl für das Gebiet des Land-, als des Lehnrechts.

Daß dingliche Berechtigung am Lehen nur durch Besitzerwerb begründet wurde und mit der Aufgabe des Besitzes verloren ging, darüber haben wir die entschiedensten Zeugnisse, theils solche, die jenen Satz allgemein aussprechen, theils solche, die denselben durch eine Reihe von besondern Anwendungen desselben bekräftigen. —

Zu den allgemeinen Zeugnissen gehören:

1. Zwei Stellen, welche Folge und Vererbung des Lehens ausdrücklich von dem Besitze abhängig machen:

Sächs. Lehn-R. 11, §. 1. Svelk gut en man an sinen geweren ne hevet unde ime nicht bewiset n'is, deme ne mach he nicht volgen an enen andern herren, noch erven an sinen sonen. Svelk gut man aver nimt mit gewalt deme manne unde he dat irvolgit mit rechter klage, dat gut erft he an sinen sone und volgit ime selven an enen andern herren, al darve he der gewere, of he der rechten klage getüch hevet.

Der Schlußsatz zeigt klar, daß Gewere im Anfange der Stelle in der Bedeutung „Besitz" genommen ist, nicht in der Bedeutung dingliches Recht (oder dingliches Klagrecht). Denn dieses kann auch dem widerrechtlich Entsetzten nicht abgesprochen werden.

Sächs. Lehn-R. 59, §. 3. Al len ane gewere darvet der volge und al gewere ane lenunge is unrecht; sie ne hebbe beide ein man, so sin sie beide unrecht.

Daß Gewere auch in dieser Stelle Besitz bedeutet, ergibt sich daraus, daß die Stelle die allgemeine Regel an die Scheinbelehnung anknüpft, von welcher wir gleich specieller zu reden haben werden.

2. Eine Stelle des schwäbischen Lehnrechts, welche von zweien mit demselben Gute Beliehenen demjenigen den Vorzug gibt, der zuerst in das Gut eingewiesen ist; also unverkennbar den Erwerb des dinglichen Rechts am Lehen unter Lebenden von dem Besitze abhängig macht [66]).

3. endlich eine ganz allgemein redende Stelle:

Schwäb. Lehn-R. 96 (Laßberg). Lehen ane gewer ist nit lehen, gewer ane lehen ist nit lehen. Svem man sine gewere mit gewalt nimt, der verliusit weder gewer noch lehen, dem man och sin lehen mit gewalt nimt, der verliusit och weder lehen noch gewer.

Denn daß auch hier Gewere Besitz bedeutet, ist wieder (besonders durch den Schlußsatz) hinreichend klar. —

Zeugnisse, welche durch Anwendungen der Regel die so eben besprochenen Belege bekräftigen, finden wir folgende:

Zunächst eine Reihe von solchen, welche beweisen, daß der Erwerb des dinglichen Rechts durch den Besitz bedingt ist.

Dahin gehören die beiden bekannten Gestaltungen der Eventualbelehnung im sächsischen Rechte, das Gedinge und die Wartung.

Für diese steht fest:

1. Daß die Veräußerung des Guts durch den gegenwärtigen Besitzer vor dem Eintritt der Bedingung die Rechte des Gedingsmannes und Anwärters vernichtet.

Sächs. Lehn-R. 5, §. 1. let it (das Gut, an dem Gedinge geliehen ist) ok jene die it in geweren hevet dat gedinge is gebroken, it ne si dat he't weder untva de't dar gelaten hevet unde dar an irsterve.

---

[66]) Die Stelle ist bereits zu der ersten Abhandlung §. 6, Note 131 mitgetheilt worden.

30, §. 1. Svie sinem herren oder sime kinde oder jemande die is wardende is sin len vernen wil, of he't liet oder let, nicht ne mach it jeneme scaden. of he't weder nimt und in geweren behalt went in sin sukkebedde dar he binnen stirft.

74, §. 1. Hevet en man gut in geweren sunder lenunge von vormuntscap sines wives oder kindes oder let en man sime brudere sin gut in sine gewere ane des herren willen unde ane sine witscap, stirft die belend man die wile, jene die süsgedane gewere dar an hevet, sprict he dar len an dat ne mach he al ene uppin hilgen nicht behalden, he mut it getügen, of jene die't gedinge dar an hadde oder die herre deme it ledich wert büt dat to getügene, dat sin man dat gut in sines lenes geweren hadde want an sinen dot.

Richtsteig 30, §. 4. Wedderkofte aver jenne sin gut unde he behelde't wente in sin sukkebedde unde hedde de here wol dat angevelle na jennes wedderkopinge enem andern gelegen, so vrage du, wedder du des icht neger sist, wente di dat ersten gelegen was, sint dat id in de ersten hand si widderkomen, edder jene deme dat na gelegen was so vindme de erste si des neger.

2. Daß der Gedingsmann der Folge darbte (also wohl auch der Vererbung) spricht aus:

3, §. 1. An' me gedinge n'is nen volge.

Daher ist das Gedinge sogar dann gebrochen „wenn der Herr sein Recht unter Lebenden überträgt, sobald der Erwerber an den neuen Herrn gewiesen worden ist, der das Gut von ihm empfangen hat."

Sächs. Lehn-R. 57, §. 5. Was it (das Gut) aver gelaten bi jenes live die't in geweren hadde unde was he redelike unde rechte an jenen gewiset dem it die herre lit oder hadde he't von ime untvangen so is al gedinge gebroken dat die erre herre gelegen hadde in deme gude.

„Daher wirkt denn auch nicht ein früheres Gedinge gegen ein später vom Nachfolger ertheiltes."

Richtsteig 30, §. 4. a. E. Hedde aver de here di gelegen enes mannes gedinge unde queme dat gud na an dines heren sone edder an enen anderen heren, unde lege de dat gedinge enem andern, vragede me denne, welkore lenunge vorgan scole, so vindme de leste. —

Uebrigens muß die Auffassung der so eben erläuterten Grundsätze des Gedinges als Wirkungen des Mangels der Gewere noch gegen einige Einwendungen gesichert werden.

Da Folge und Vererbung ausdrücklich als Folgen der Gewere erklärt werden, so möchte freilich für den Mangel der Folge des Gedingsmannes in dieser Hinsicht jede Ausführung überflüssig sein.

Dies zugegeben ist es aber gewiß sehr natürlich, auch die sub 1 ausgeführte Wirkung als Folge des Mangels der Gewere aufzufassen. —

Dennoch behauptet Homeyer [67]) einen andern Grund dieser Wirkung.

Sie soll sich ergeben „aus der Bedingung, an welche der Erfolg der Belehnung geknüpft ist und daraus, daß das Gedinge die Rechte des Besitzers, wie überhaupt Dritter nicht schmälern darf."

Allein da das Recht des Mannes nur ein sehr beschränktes Veräußerungs-Recht umfaßt, so könnte aus ihm der Bruch des Gedinges nicht bei allen, sondern nur bei gewissen Arten der Veräußerung erklärt werden. Der zweite der von Homeyern beigebrachten Gründe ist daher jedenfalls nicht für alle Fälle zureichend.

Was dagegen die Erklärung aus der Bedingung der Belehnung betrifft, so kann man diese sehr wohl als richtig nach-

---

[67]) Sachsensp. II, 2, S. 232.

geben, ohne daß doch dadurch unsere eigene Ansicht widerlegt wäre. Denn es läßt sich leicht zeigen, daß jene Erklärung überhaupt erst möglich wird unter Voraussetzung der Wahrheit unseres Satzes.

Wenn nämlich der Bruch des Gedinges durch Veräußerung des gesammten Rechts bloß Folge der Bedingung der Leihe unter Gedinge gewesen wäre, so würde derselbe einfach dadurch zu beseitigen gewesen sein, daß die Bedingung anders gestellt worden wäre. Daß dies niemals geschah, weist darauf hin, daß die Veränderung der Bedingung effectlos gewesen wäre. Und diese Effectlosigkeit wird doch wieder nur auf den Mangel der Gewere zurückgeführt werden können. Dieser ist also auf alle Fälle wenigstens die mittelbare Quelle der sub 1 erläuterten Regel. —

Einen andern Beleg für den Satz, daß das dingliche Recht am Lehen nur durch die Gewere erworben wird, bietet die Scheinleihe.

Bekanntlich war die Veräußerung des vasallitischen Rechts selber an die willkürliche Einwilligung des Herrn gebunden. Weigerte nun dieser seine Zustimmung zu dieser Veräußerung an eine bestimmte Person, so griff wohl der Mann zu dem Mittel, daß er einen Dritten, dem Herrn Genehmern beleihen ließ, aber kraft Einverständnisses mit diesem den Besitz und Genuß des Gutes demjenigen einräumte, dem er das Gut zuzuwenden gedachte[68]). Für einen solchen Fall bestimmt denn aber:

Sächs. Lehn-R. art. 59, §. 3. Den dat gut ok alsus gelegen is, die ne hebbet nene volge daran, durch dat sie der gewere darvet noch sie nieman von en to lene ne hevet.

(Folgen nun die schon oben S. 106 ausgezogenen, die generelle Regel enthaltenden Worte.) —

---

[68]) Vgl. Homeyer a. a. O. S. 430.

Dieses sind die wichtigsten Anwendungen des Grundsatzes, daß das dingliche Recht am Lehen nicht entsteht ohne den Erwerb des Besitzes.

Daß nun aber nicht bloß der Erwerb, sondern auch die Dauer der Lehnberechtigung durch Gewere als Besitz bedingt war, ist nicht minder deutlich in einzelnen Anwendungen ausgesprochen.

Schon die Art und Weise, wie uns in dem sächsischen Lehn-Rechte bemerkt wird, der widerrechtlich Entsetzte habe Folge und Vererbung „al darve he der gewere" also „trotzdem, obgleich er keinen Besitz hat," weist auf jene Seite der allgemeinen Regel hin [69]).

Aber es fehlt auch nicht eine Anwendung, die diesen Satz ganz direct belegt. Es ist die Gesammtbelehnung in ihrer älteren Gestaltung.

Wie der Gesammthänder Recht an dem Theile seines Genossen nur erwarb durch Mitbesitz, so hob auch Theilung des Gutes und zwar schon Theilung des Besitzes sein Recht an dem Theil des Andern auf.

Die Hauptstelle ist:

Sächs. Lehn-R. 32, §. 1. Man mach vele brüderen en gut lien, of sie't mit samender hand untvat unde gelike were dar an hebbet. — — Sven aver sie sik delet, ir nen hevet recht an des andern gude of die andere stirft, ime ne si anderwerve dat gedinge dar an gelegen.

Allerdings könnte man die Worte: Sven aver sie sik delet nur auf eine Theilung beziehen, die auch das Recht am Gute befaßt. Allein, daß das sächsische Lehn-Recht jede Besitztheilung auch schon als Rechtstheilung ansah, ergibt sich aus anderen Zeugnissen. Denn:

---

[69]) Sächs. Lehnr. 11, §. 1 (oben, S. 106).

„Nach der Glosse zu 32 soll nur ein Haus und ein Gesind sein;" die Brandenb. Gl. Bl. 29, C. 4 erläutert das gelike were; „dat vornemen ytlike nicht allene an upboringe des gudes, sunder se seggen, dat se ock scholen hebben ein samende woninge und ungescheiden roek —, dat he nu hir secht gelike were, dat is an einen schepel u. an einen roeck u. brot.

Auch sagt der Schwabenspiegel 57 sehr deutlich:

lihet der herre von gnaden und nüt von rehte in allen daz lehen, so suln die gewer mit einander haben oder sie hant an dem lehen nüt rehtes.

Bei so klaren Zeugnissen der richtigen Ansicht konnte dieselbe denn auch der unbefangenen Forschung nicht allzulange verborgen bleiben. Albrecht [70]) hält freilich auch noch für das Lehnrecht

---

[70]) Bei dem hohen Ansehen, dessen sich die Ansichten Albrecht's mit Recht erfreuen, darf es nicht unterlassen werden, die Gründe, aus denen ich im vorliegenden Falle von ihm abweichen zu müssen glaube, specieller darzulegen.

Auch Albrecht a. a. O. S. 282 ff. erkennt an, daß Lehen ohne Gewere kein rechtes Lehen ist, aber er denkt sich unter Lehen „das Lehen im eigentlichen Sinne, zu dessen Begriff, wie bekannt, die Erblichkeit wesentlich gehöre," unter Gewere die rechte Gewere, d. h. den qualificirten Besitz von Jahr und Tag.

Für diese originelle Meinung beruft er sich

1. auf den allgemeinen Grundsatz des deutschen Rechts „ein Besitzrecht an Immobilien, welches auf dem Wege einer simpeln Tradition bestellt sei, habe von Rechts wegen nicht über die Lebzeit des Autors zu dauern, folglich auf eine juristische Erblichkeit nicht Anspruch zu machen vermocht."

2. Auf folgende Deduction: Die Gewere, die fähig sei, nach Jahr und Tag eine rechte Gewere zu werden, habe folgende zwei Gegensätze:

a. Die Gewere, welche ohne durch gerichtliche Auflassung entstanden zu sein, den factischen Besitz mit sich führe. Daß diese zur Begründung eines erblichen Rechts nicht hinreiche, sei durch seine frühere Ausführung hinlänglich bewiesen und werde durch Stellen der Lehnrechtsbücher bestätigt.

b. Die Gewere, welche zwar durch gerichtliche Auflassung entstanden, aber mit keiner Art von Genuß verbunden sei, oder, genauer gesprochen,

an der gemeinen Meinung fest. Dagegen ist die richtige Ansicht bereits von Beseler [71]) und Duncker [72]) ausgesprochen

---

bei welcher der Veräußerer kein Opfer in Betreff des Genusses bringe. Gerade dieses nun sei der Charakter des aus dem Gedinge entspringenden Rechts, von dem es ausdrücklich hieße, es darbe der Folge.

Allein

ad 1 scheint mir zu erinnern, daß nicht abzusehen ist, wie von den Grundsätzen der simpeln Tradition ein Schluß auf die der Belehnung gemacht werden kann. Denn die Belehnung ist ja keine simple Tradition, sondern vielmehr eine gerichtliche Auflassung.

ad 2 aber vermisse ich den Beweis, daß das Gedinge vor dem Eintritt seiner Bedingung dem Gedingsmann juristische Gewere gab. Denn die Analogie des Landrechts, auf die sich Albrecht S. 284 beruft, reicht nicht aus, indem die Stellen, die durch landrechtliche Auflassung sofort eine juristische Gewere entstehen lassen, sämmtlich nur von dem Falle handeln, wo das Eigenthum des Auflassenden durch kein abgeleitetes Besitzrecht beschränkt war. Was aber weiter den Umstand angeht, daß die Belehnung dem Manne das Recht gibt, sich des Gutes selbst zu unterwinden, wenn ihm der Herr die Beweisung weigert (ich füge bei: ja selbst ohne diese Weigerung in den Fällen des sächs. Lehnrechts art. 11, §. 1), einen Umstand, auf den Albrecht S. 285 ebenfalls Gewicht legt, so würde derselbe, wenn das Selbstunterwindungsrecht nothwendig als Folge juristischer Gewere aufzufassen wäre, sogar gegen Albrecht beweisen. Denn der Gedingsmann hat bekanntlich jenes Recht erst, sobald der gegenwärtige Mann mit Tod abgegangen ist, würde also, wenn jener Satz richtig stünde, erst unter dieser Voraussetzung eine juristische Gewere haben, nicht schon durch die Ertheilung des Gedinges, wie Albrecht annimmt.

Fehlt es aber hiernach an allen Gründen, unter der Gewere, die das Lehen zum rechten macht, nur die rechte Gewere zu verstehen, so wird man wohl bei der Erklärung der Regel „kein Lehen ohne Gewere" an der gewöhnlichen Bedeutung der Gewere, an der Bedeutung: „Besitz" festhalten müssen.

Und merkwürdig genug kommt auch Albrecht selbst auf diese Bedeutung zurück, wenn er S. 290 zugibt, daß der Gedingsmann die Folge an den Oberherren gehabt hätte, wenn er auch nur für einen Moment im Besitz gewesen oder, was diesem gleich sein müsse, nur noch aus zufälligen Gründen von demselben ausgeschlossen worden sei.

Wie der berühmte Gelehrte diesen Satz mit der von ihm aufgestellten Theorie vereinigen zu können glaubt, ist mir wenigstens nicht klar geworden.

[71]) Erb.-V. Th. I, S. 90, Note 41.

[72]) Gesammteigenthum S. 98 ff.

und dann neuerlich von Homeyer [73]) vollständiger begründet worden.

Eben die Grundsätze, welche soeben für das Gebiet des Lehnrechts begründet worden sind, müssen nun aber nach meiner Meinung auch für das Gebiet des Landrechts anerkannt werden.

Dafür spricht schon die Analogie des Lehnrechts. Denn je mehr auch sonst Land- und Lehnrecht Hand in Hand gehen, um so weniger wird man den Schluß von den Grundsätzen des letztern auf die des erstern ohne die allerdringendsten Gründe zurückweisen dürfen.

Es können aber für die richtige Ansicht auch noch directere Belege beigebracht werden.

Freilich dafür, daß die Aufgabe des Besitzes die des dinglichen Rechtes in sich schloß, weiß ich kein ausdrückliches Zeugniß beizubringen, wohl aber kann der andere Satz, daß die Uebertragung des dinglichen Rechtes durch den Besitz bedingt war, direct dargethan werden.

Nach älterem deutschem Rechte ging nämlich, wie ich schon an einem andern Orte nachgewiesen habe, das dingliche Recht an Grund und Boden nur über durch feierliche Einräumung der körperlichen Innehabung, genannt investitura, Beweisung [74]). —

Dieses sind die Gründe, aus denen ich glaube, daß das deutsche Recht nicht blos die Uebertragung und Bewahrung des dinglichen Rechts an Mobilien, sondern auch desjenigen an Immobilien von dem Besitze abhängig machte.

Sie scheinen mir so gewichtig, daß ich nicht bezweifle, daß man die richtige Ansicht von jeher anerkannt haben würde, wenn nicht zwei Umstände, wie es scheint, unübersteigliche Schwierigkeiten zu bieten schienen.

---

[73]) A. a. O. II, 2, S. 412.

[74]) Vgl. die erste Abh. §. 6.

1. nämlich ist es gewiß, daß in Deutschland von jeher die Ueberlassung des Besitzes zu von uns abgeleiteter Berechtigung die dingliche Berechtigung an Immobilien nicht aufhob [75]).

2. kann nicht bezweifelt werden, daß im spätern deutschen Rechte eine investitura als bloße Erklärung der Uebertragung des dinglichen Rechts ohne Einräumung der körperlichen Innehabung zur Begründung desselben genügte [76]).

Wie nun diese beiden Thatsachen mit unserer Ansicht über den Einfluß des Besitzes auf die Begründung und Bewahrung der dinglichen Berechtigung vereinen?

Ich denke einfach so:

In allen Fällen, wo dingliche Berechtigung übertragen wird ohne corporalis possessio, entsteht, wie schon oben nachgewiesen ist, juristische Gewere (durch Auflassung), in allen Fällen, wo wir den körperlichen Besitz einem Andern zu abgeleitetem Rechte überlassen, bleibt uns juristische Gewere (durch Stellvertretung).

Faßt man nun freilich die juristische Gewere auf als einen Gegensatz des Besitzes, so weiß ich nicht, wie man die hier in Rede stehende Schwierigkeit lösen soll.

Dürfte man dagegen die juristische Gewere auffassen (wenigstens zunächst) als Besitz, so wären offenbar alle Anstände gehoben.

Daß nun aber diese Auffassung eine wirklich berechtigte ist [77]), ergibt sich, wenigstens für die hier zunächst in Rede

---

[75]) Dieser Satz ist zu einfach, um eines besondern Beweises zu bedürfen.

[76]) Ich habe mich auch über diesen Punkt in der ersten Abhandlung §. 6, z. A. (S. 51. 52) verbreitet.

[77]) Für die Gewere durch Auflassung kann dies durch eine Reihe besonderer Gründe dargethan werden, die ich schon in der ersten Abhandlung §. 6, g. E. (S. 71) zusammengestellt habe. Es gibt aber auch eine Reihe von Gründen, welche die Besitzbedeutung der juristischen Gewere zugleich für

stehenden Fälle, im Grunde schon aus unsern bisherigen Ausführungen.

Die beiden Thatsachen, die zu Bedenken gegen unsere Theorie Veranlassung gaben, gelten nämlich nicht blos für das Land-, sondern auch für das Lehnrecht. Es ist gewiß,

1. daß zur Bewahrung der Lehnberechtigung Besitz durch Stellvertreter genügt; das hat noch Niemand bezweifelt [78]).

Ich halte aber für nicht minder gewiß,

2. daß bereits begründete Lehnrechte durch bloße Belehnung ohne Beweisung auf Andere übertragen werden konnten.

Homeyer [79]) ist freilich anderer Ansicht; er meint, daß auch in diesen Fällen erst die wirkliche, nur ohne Zuthun des Herrn erfolgte Besitznahme das dingliche Recht begründete.

Er hat aber für seine Meinung keine Gründe beigebracht und überdies die Analogie des neueren Landrechts, auch des welschen Lehnrechts unzweifelhaft gegen sich [80]).

Will man also keine unlösbare Antinomie der Lehnrechtszeugnisse annehmen, so bleibt nichts übrig, als die Auffassung der juristischen Gewere, die auch das Lehnrecht in den so eben bezeichneten Fällen anerkennt, aufzufassen als Besitz. Es ist also durch die Lehnrechtszeugnisse die Besitzbedeutung der juristischen Gewere durch Auflassung und Stellvertretung direct erwiesen.

Uebrigens verkenne ich nicht, daß die Anerkennung dieser Bedeutung der juristischen Gewere manchen Bedenken unterliegt.

---

andere Fälle derselben darzuthun geeignet erscheinen. Diese werden in der gegenwärtigen Abhandlung dargelegt werden.

Die hiernach nothwendig werdende Ergänzung der früheren und der zunächst folgenden Ausführung darf wohl dem geneigten Leser überlassen bleiben.

[78]) Man vergleiche zum Ueberflusse noch Homeyer a. a. O. II, 2, S. 415.

[79]) A. a. O. S. 417 ff.

[80]) Auch dies ist bereits in der ersten Abhandlung (§. 6, z. A. S. 52) gezeigt worden.

Andrerseits ist es aber auch möglich, dieselbe mit noch schlagenderen Gründen zu belegen, als die so eben beigebrachten.

Zur Darlegung dieser Gründe, sowie zur Beseitigung jener Bedenken wird die Haupterörterung über das Wesen der Gewere Gelegenheit bieten.

Bevor wir jedoch diese wieder aufnehmen, ist hier noch eine Frage zu beantworten, deren Lösung für die nächstfolgende Darstellung von nicht geringer Erheblichkeit ist.

Wir haben in dem Bisherigen den Beweis zu führen gesucht, daß die Erwerbung dinglicher Rechte durch Uebertragung (u. L. oder v. T. w.) bedingt war durch den Uebergang des Besitzes. Galt denn nun aber dieser Grundsatz auch für den Uebergang dinglicher Rechte durch eigentliche (gesetzliche) Erbfolge (im Gegensatz der Vergabung v. T. w.), oder war diese von der Erwerbung des Besitzes unabhängig?

Ich denke, unsere Quellen lassen keinen Zweifel darüber, daß auch diese Frage bejaend beantwortet werden muß.

Was zuvörderst das Gebiet des Lehnrechts angeht, so erscheint in einigen Gegenden Frankreichs noch in sehr späten Zeiten der Eintritt der Seitenverwandten in das vasallische Recht durch die Belehnung (im Sinne von traditio und investitura) bedingt:

Cout. de Bretagne (anc. a. 558 nouv. 540.) En succession collatérale la justice de celui qui a fief et obéissance est saisie de la succession. Le juge après s'être informé la baillera au plus prochain en prenant caution de la rendre quand et à qui faire se devra.

Und daß diese Grundsätze ursprünglich nicht blos für Seitenverwandte galten, dafür möchte schon der Umstand sprechen, daß noch in späteren Zeiten hier und da die Nothwendigkeit der Investitur auch für Descendenten bestand.

Wenigstens sagt Demares, Decis. 264 ganz allgemein:

Mort saisit son hoir vif, combien que particulièrement il y ait coutume locale, où il faut nécéssairement saisine du seigneur.

Ja für die ältere Zeit bezeugt die Allgemeinheit des Erfordernisses der saisine ausdrücklich

Gr. Cout. II, 1 vgl. Beaumanoir VI, 4. Si c'est un fief noble saisine de droit ne autre n'est acquise sans foi, car le seigneur direct est avant saisi que l'héritier, mais par faire homage et par relief le seigneur diect droit saisir l'héritier [81]).

Daß nun aber diese Grundsätze nicht blos für das Gebiet des Lehnrechts, sondern auch für das Gebiet des Landrechts galten, dafür sprechen im Grunde schon die Ausdrücke, durch welche in unsern Quellen der Erwerb der Erbschaft bezeichnet zu werden pflegt.

Der Berufene geht zum Erbe, adit, gängr til, er nimmt das Erbe, arbinumja, erpinemo, altnordisch artþagi, er führt zum Erbe, on erve fara, ova erve fara [82]).

Es fehlt aber auch nicht an Zeugnissen, welche den von uns aufgestellten Rechtssatz noch unmittelbarer darthun.

Dahin zähle ich schon eine Klausel, die wir in Urkunden über Vergabungen von T. w. so unzähligemal finden [83]), ich meine die Klausel:

Post obitum vero, absque ullius Judicis vel heredum nostrorum exspectata traditione — — de praesenti perpetualiter recipiat possidendum (sc. donatarius).

Die Gabe von T. w., das scheint mir der Sinn dieser Bestimmung, ist eine Gabe des Erblassers, darum bedarf es keiner

---

[81]) Doch bemerkt allerdings schon Desmares, Decis. 285: la coustume que le mort saisit le vif n'a pas lieu tant que à ce qui touche le seigneur, mes bien au regard des autres que du seigneur.

[82]) Grimm, d. R.-A. erste Hälfte, S. 479.

[83]) Z. B. Marc. Form. II, 3.

Tradition der Erben, sie ist aber eine Gabe des Erblassers unter Lebenden, darum erfordert ihre Realisirung auch nicht die Formen des Erbschaftsantrits (traditio durch den Judex).

Noch bestimmteres Zeugniß für den Satz, daß der Erwerb der Erbschaft auch nach Landrecht durch den Erwerb des Besitzes bedingt war, bieten aber folgende Zeugnisse:

Magdeburger Schöffenurtheil (bei Böhme VI, 1). Weme erbe anestirft, der sal kommen vor gehegit ding und sal benennen den, der das erbe gelassen hat und das er im gesippet si und sal die mageschaft bewisen mit seines eines hant uf den heiligen, also sal er sich zu dem erbe zihen.

Urk. bei Dreyhaupt 2, 481 (14. Jahr.). Katherine bockes husvrowe quam in geheget ding und liet er ein ordeil finden, si were ein erve angestorven, wu se sik des underwinden scolde, dat si recht dede? do ward er gevunden: sie scoldet angripen boven an dem dorstell unde neden an der svellen. dat het sie gedan.

Richtig ist es zwar, daß diese Stellen, so wenig als die Klausel der Vergabungsurkunden speciell hervorheben, daß es die Erwerbung der Erbschaft ist, welche durch die darin beschriebenen Feierlichkeiten vermittelt werden soll.

Allein daß dem wirklich so war, scheint mir nichtsdestoweniger unzweifelhaft.

Als selbstverständlich betrachte ich: daß die feierliche Besitzergreifung der Erbschaft mehr als eine blos factische Bedeutung hatte.

Aber, könnte man meinen, ihre rechtliche Bedeutung sei doch eine andere gewesen, als die von uns behauptete. Man habe eben bei jener Förmlichkeit nur den Zweck gehabt, andern Erbprätendenten Gelegenheit zu geben, ihre Ansprüche geltend zu machen, der Uebergang des Rechts an der Erbschaft sei aber bereits im Momente des Todes des Erblassers eingetreten.

Dagegen ist aber Folgendes zu sagen:

Für diejenigen, welche derselben Gerichtsgemeinde angehörten, kann eine Notification des Erbschaftserwerbes kaum ein Bedürfniß gewesen sein; für das Bedürfniß der entfernteren Prätendenten aber reichten jene Formen offenbar nicht zu.

Auch spricht der Umstand, daß der Sachsenspiegel die dreitägige Session beim Erbschaftserwerb ausdrücklich für überflüssig erklärt [84]), trotzdem, daß gerade diese Form mehr wie jede andere geeignet war, das Interesse anderer Erbberechtigter zu wahren, geradezu gegen jene Erklärung.

Es wird also wohl nichts übrig bleiben, als die Auffassung, welche wir für jene Feierlichkeit beanspruchen.

Und zum Ueberflusse wird dieselbe auch noch durch folgendes nordische Zeugniß bestätigt, das ich mir eben deshalb für diese Stelle aufgespart habe:

Yngl. cap. 40. þat var sidvenja î þann tîma, þar er erfi skyldi giöra eptir konûnga eđr iarla, þâ scyldi sâ, er gerdi erfit oc til arfs skyldi leida, sitja â skörinni fyrir hâsaetinu, alet þar til er inn vaeri borit full, þat er kallat var Bragafull; skyldi sâ þâ standa upp î môti Bragafulli oc streingja heit, drecka af fullit sîdan; sîdan skyldi hann leida î hâsaeti þat, sem âlti fadir hans, var hann þâ kominn til arfs all eptir hann.

Das heißt:

Das war Sitte in dieser Zeit, wo Erbschmaus Pflicht war zu machen nach (nach dem Tode von?) Königen oder Jarlen, da sollte der welcher Erbschmaus machen und zu den Erbgütern leiten (?) sollte, sitzen auf der Bank vor dem Hochsitze, bis daß im wäre geboret der Becher, welcher genannt war Bragabecher; da sollte er stehen gleich (hoch) mit dem Bragabecher und ... (?) Gelübde, trinken aus dem Becher sodann;

---

84) Sächs. Land-R. III, 83. Svat .. uppe sie geervet wert, des ne dorven sie nicht besitten.

sodann sollte er leiten (?) in den Hochsitz das, welches hatte sein Vater. Da war er gekommen zu dem ganzen Erbe nach ihm [85]).

Soweit die Quellenzeugnisse über die Bedeutung des Besitzes für den Erwerb der Erbberechtigung [86]).

Bedarf es noch der Bemerkung, daß der Satz, den sie bezeugen, auch der innern Begründung mit nichten entbehrt.

Alle Lehnfolge war ursprünglich von der Gnade des Herrn abhängig, mithin nicht eigentliche Erbfolge, sondern vielmehr Erwerb des Gutes durch Uebertragung unter Lebenden. Darum verstand sich für sie das Erforderniß der Belehnung (mit oder als Investitur) ursprünglich ganz von selbst.

Aber auch für die Lehnfolge der späteren Zeit, die eine Succession von T. w. im Rechtssinne des Wortes war und für die landrechtliche Succession, welche diesen Charakter von jeher besaß, kann es nicht auffallend sein, daß sie nach deutschem Rechte durch den Erwerb des Besitzes bedingt waren, wenn wir erwägen, wie hoch die Bedeutung des Besitzes ist, welche dem Besitze sonst für die Begründung und Bewahrung der dinglichen Berechtigung zukömmt.

Vom Standpunkte des fremden Rechts, dem als Gegenstand der Erbfolge ein ideelles Ganze, das universum jus defuncti.

---

[85]) Ich habe diese Stelle aus Grimm's d. R.-A. erste Hälfte, S. 481 entlehnt, ebendaher S. 175 die Urkunde bei Dreyhaupt. Die übrigen Belege boten mir Renaud in der Zeitschr. für ausländ. R.-W. Bd. XIX, H. 1, Nr. 5 und Warnkönig franz. St.- u. R.-G. Bd. II, S. 464. 465.

Das Verständniß der hier, so wie der früher für die erste Abhandlung benutzten nordischen Stellen danke ich der Unterstützung meines verehrten Lehrers, des Herrn Prof. Weigand in Gießen.

[86]) Als ein Ueberrest altdeutscher Rechtseinrichtung möchte übrigens auch der Satz des mecklenburgischen Rechts zu betrachten sein, (vergl. darüber Beseler in der Zeitschr. für d. R. Bd. X, H. 1, S. 116. 117) daß auch in Erbschaftsfällen der Erwerb des dinglichen Rechts an Immobilien durch gerichtliche Auflassung bedingt sei.

erscheint, würde man freilich die Zulässigkeit der Analogie der sonstigen Bedeutung des Besitzes für die dingliche Berechtigung bestreiten müssen.

Aber jener Standpunkt ist sicher nicht der des deutschen Rechtes. Zwar konnte freilich auch dieses die Auffassung der Erbfolge als Eintritt in die Persönlichkeit des Verstorbenen nicht ganz zurückweisen (wie sonst den Eintritt des Erben in die Forderungen des Verstorbenen erklären?). Aber vorwiegend betrachtete es doch als Gegenstand der Erbfolge einen Complex körperlicher, insbesondere unbeweglicher Sachen, für die Erwerbung einer Erbschaft in diesem Sinne liegt aber jene Analogie gewiß sehr nahe.

So gewichtig aber auch die bisher dargelegten inneren und äußeren Gründe für unsere Ansicht zu sein scheinen, dennoch könnte man gegen dieselbe zwei nicht unerhebliche Gegengründe geltend machen, einen inneren und einen äußeren, die daher jetzt noch kurz zu erwägen sind.

Einmal nämlich könnte man, wenigstens was die Succession nach Landrecht angeht, ein Bedenken gegen unsere Theorie vom Erwerbe der Erbschaft darauf gründen wollen, daß das deutsche Recht keine Repräsentation des Verstorbenen durch die hereditas jacens kenne, wie das römische [87]). Wie, könnte man meinen, ohne diese Function die Forderungen des Erblassers zu erhalten, wie die körperlichen Erbschaftssachen gegen willkürliche Occupation schützen, es sei denn durch Aufstellung des Grundsatzes, daß der Erbe mit dem Tode des Erblassers sofort in dessen Rechte eintrete [88]).

---

[87]) L. 22 de fidejussor. 46, 1. — §. 2 J. de hered. inst. 2, 41 pr. J. de stip. servor. 3, 17 (18). L. 31 de hered. inst. 28, 5. L. 33, §. 2 de acquir. rer. dom. 43, 1. — L. 24 de novat. 46, 2.

[88]) In früheren Zeiten hat man eben diesen Satz aus dem Eigenthum hergeleitet, das man der Familie an dem gesammten Immobiliargut schon bei Lebzeiten des Erblassers zuschrieb. Ich werde aber in

Dieses Bedenken scheint mir übrigens sehr einfach beseitigt zu werden durch folgende Betrachtung:

Es ist wohl nicht erst darzulegen, daß das Erbrecht, bei den Römern, wie bei den Deutschen, älter ist, als das Dasein eines besonderen Juristenstandes, daß daher auch seine ursprüngliche Feststellung erfolgte durch das Volk, ohne alle Einwirkung civilistischer Bildung und Anschauungsweise.

So sehr nun aber jenes ganze Raisonnement gegen unsere Ansicht dem Juristen von Fach einleuchten mag, so wenig scheint es mir der ungekünstelten Rechtsanschauung des Volkes zu entsprechen.

Für diese sind, wie ich glaube, alle die civilistischen Schwierigkeiten, von deren juristischer Lösung die Möglichkeit jedweder Succession von T. w. abzuhängen scheint, gar nicht vorhanden, und wenn sie es wären, dürfte bezweifelt werden, ob das Volk gerade eine streng juristische Lösung derselben versuchen würde.

Daher behaupte ich, daß alle jene Folgen, die die klassische römische Jurisprudenz aus der Fiction herleitet, daß die Erbschaft den Verstorbenen repräsentire, viel älter sind, als jene Fiction selbst. Diese ist mir nur ein späterer wissenschaftlicher Versuch, eine Reihe von Sätzen, die dem Volke selbstverständlich erschienen waren, streng juristisch zu begründen.

Und eben darum finde ich denn auch in dem Fehlen der Repräsentation des Verstorbenen durch die hereditas jacens im deutschen Rechte, nicht den mindesten Grund, die Möglichkeit der von mir nachgewiesenen Theorie des Erbschaftserwerbes anzuzweifeln.

Eher könnte man zweitens gegen das Ergebniß unserer obigen Ausführungen den Einwand erheben, daß denn doch in

---

der dritten Abhandlung zu zeigen haben, daß dieses Familieneigenthum, obwohl selbst noch heutzutage von Einzelnen in Schutz genommen, im deutschen Rechte in keiner Weise begründet ist.

den späteren Quellen die Regel gilt : der Todte erbt den Lebendigen (le mort saisit le vif), d. h. durch den Tod des Erblassers geht die Erbschaft ipso jure auf den Erben über [89]).

Aber auch hier wird älteres und neueres Recht in Harmonie gesetzt durch die Thatsache, daß dem Erben auch in den späteren Quellen eine juristische Gewere (saisine de droit) beigelegt wird, sobald man diese nur auffaßt als Besitz.

Und auch hier liegt wieder eine Nöthigung zu dieser Auffassung in den Lehnrechtszeugnissen, die ganz ausnahmslos sagen, „keine Folge und Vererbung ohne Besitz" und dennoch diese Rechte auch ohne körperliche Innehabung des Erben anerkennen[90]).

Denn wenn Homeyer auch hier wieder körperliche Besitzergreifung fordert, so steht seiner Ansicht entgegen einerseits der Mangel genügender Gründe füc dieselbe und andrerseits die Analogie der welschen Lehnrechte.

Uebrigens ist die Besitzbedeutung der juristischen Gewere auch für den Fall der Beerbung noch gegen manche Einwendungen zu sichern und mit mehreren positiven Gründen zu kräftigen. Und auch hierzu wird unsere Haupterörterung Gelegenheit bieten, die wir nun endlich wieder aufzunehmen im Stande sind.

Zwei Sätze waren es, welche wir oben zum Beweise ausgesetzt hatten :

1. Auch die juristische Gewere ist zunächst Besitz.

---

[89]) Wir kennen die Regel : le mort saisit le vif schon aus den oben angezogenen westfränkischen Lehnrechtsstellen. Indessen scheint sie gerade auf dem Gebiete des edlen Lehnrechts später als auf dem des Besitzes nach Land- oder Hofrecht. Warnkönig a. a. O. S. 464.

Wie es scheint darum, weil die älteren Grundsätze des Erbschaftserwerbes geeignet waren, zugleich dem Lehnsherrn die sicherste Garantie für die Erneuerung des persönlichen Bandes, das den Vasallen an ihn knüpfte, zu verschaffen. Darauf scheint mir wenigstens die oben mitgetheilte Stelle des grand-coutumier zu deuten.

[90]) Vergl. Sächs. Lehn-R. 59, §. 3 (oben, S. 106). Schwäb. Lehn-R. 96 (oben, S. 107).

2. Alle Gewere ist sodann auch dingliche Berechtigung und zwar dingliche Berechtigung selbst, nicht blos dingliches Klagrecht, übrigens dingliche Berechtigung jedweder, nicht blos bestimmter Art.

Den ersten Satz werden die §§. 4 bis 6 näher zu begründen suchen.

Von dem zweiten wird §. 7 handeln.

§. 4.

Die juristische Gewere ist Besitz.

Was unsere Germanisten vornämlich verhindert hat, die Besitzbedeutung der juristischen Gewere anzuerkennen, das ist der Umstand, daß sie sich den Besitz stets nur gedacht haben als körperliche Innehabung der besessenen Sache in eigener Person.

Wie wenig aber eine so beschränkte Auffassung gebilligt werden kann, das wird folgende Betrachtung zeigen.

I. Schon seinem natürlichen Begriffe nach umfaßt der Besitz jedes thatsächliche Verhältniß, das dem dinglichen Recht als rechtlichem entspricht — also jede factische Möglichkeit der ausschließlichen Beherrschung einer Sache.

Diese Möglichkeit ist nun freilich am einfachsten gegeben, wenn sie zugleich verwirklicht und zwar unmittelbar in der Person des Besitzers verwirklicht ist; m. a. W. die evidenteste Form des Besitzes ist Detention des Besitzers in Selbstperson.

Aber die evidenteste ist deshalb keineswegs die einzige Form, in der jene Möglichkeit auftritt, dieselbe ist möglicherweise begründet auch ohne körperliches Innehaben, auch ohne Detention in eigner Person, und überall, wo dies wirklich der Fall ist, muß daher nicht minder Besitz anerkannt werden, als da, wo der Besitzer selber unmittelbar Detentor der Sache ist.

Diese freiere Auffassung des Besitzes (übrigens, wie gesagt, des Besitzes im natürlichen Sinne) festgehalten, können nun drei Fälle der juristischen Gewere keine Schwierigkeiten bieten.

1. Wenn ein Anderer die Sache detinirt, aber mit dem Willen, nur kraft von mir abgeleiteten Rechts zu besitzen, so liegt offenbar in seinem Besitze auch eine Ausübung meines Rechts durch mich, ich befinde mich also trotz des Mangels unmittelbarer Detention, sogar in der verwirklichten factischen Möglichkeit der Beherrschung der Sache, auch ich bin Besitzer. Für die juristische Gewere desjenigen, für den ein Anderer besitzt, ist also die Bedeutung Besitz vollständig erklärt.

2. Wenn der Richter ausspricht, es solle Jemand als Besitzer gelten, so kann dieser sich mit Hülfe des Gerichts allaugenblicklich in den Besitz der Sache setzen. Er hat m. a. W. die zwar nicht verwirklichte, aber doch jeden Augenblick sicher zu verwirklichende thatsächliche Möglichkeit der Herrschaft über die Sache, auch er ist Besitzer, oder, um mich der Worte einer merkwürdigen Stelle des livre de justice et de plet [91]) zu bedienen:

ne c'il n'est pas hors de la chose à cui baillis a dit, qu'il la li rendra.

Und so wird denn auch für die juristische Gewere durch Urtheil die Bedeutung Besitz trotz des Mangels körperlicher Innehabung keinem Anstande unterliegen.

3. Was endlich die Gewere durch Auflassung angeht, so ist es klar, daß da, wo die Auflassung ein gerichtlicher Akt war, schon in Gemäßheit des sub 2 erklärten Gesichtspunktes durch sie Besitz entstehen konnte.

Aber auch da, wo diese Voraussetzung fehlte, kann die Annahme eines Besitzes durch Auflassung keinem Bedenken unter-

---

[91]) Bei Klimrath, revue de legislation et de jurisprudence, Tome II, p. 382.

liegen, sobald das s. g. constitutum possessorium zu Hülfe genommen wird, wie ich schon an anderer Stelle gezeigt habe[92].

Nur eine Einwendung könnte man noch gegen die so eben versuchte Erklärung des Besitzes in den genannten drei Fällen vorbringen. Man könnte folgendermaßen raisonniren :

Besitz an einzelnen Mobilien werde nach deutschem Rechte niemals begründet durch ein bloßes Veräußerungsgeschäft oder richterliches Urtheil, ebensowenig bewahrt durch Stellvertretung. Das sei unzweifelhaft. Eben daher könne aber nicht ohne Inconsequenz behauptet werden, daß bei Immobilien andere Grundsätze gegolten hätten, die juristische Gewere müsse also wenigstens in den genannten Fällen eine andere Bedeutung haben.

So scheinbar indessen auch dieses Raisonnement ist, dennoch vermag ich demselben keinen Beifall zu geben. Die Prämisse gebe ich freilich unbedenklich zu, der Schluß scheint mir aber durch folgende Erwägung beseitigt werden zu können :

Es ist bei der Erwägung unserer Fälle nicht außer Acht zu lassen : die natürliche Verschiedenheit zwischen Grund und Boden und Fahrniß.

Jene können nicht von der Stelle getragen werden, wenn also auch die körperliche Innehabung fehlt, immer bleibt die Gewißheit, daß dieselbe erlangt resp. wiedererlangt werden mag.

Die Fahrniß dagegen wandert von Ort zu Ort. Wer darf sagen, daß er sie wieder erlangen wird, wenn er sie aus der Hand gegeben hat, wer behaupten, daß ihm ihre Erwerbung gesichert ist, so lange er sie nicht körperlich besitzt und hält? Selbst die Macht des Gerichtes reicht nicht zu, um die Erwerbung und Wiedererlangung von Fahrniß zu sichern, die nicht in unsern Händen ist!

Und diese Verschiedenheit ist es eben, welche, wie mir scheint, das deutsche Recht berücksichtigt hat, wenn es bei Immobilien

---

[92]) Erste Abhandl. §. 6, S. 55 ff. 73 ff.

einen Besitz durch Stellvertretung, Urtheil, Auflassung anerkannte, bei Mobilien negirte.

Auch sie kann daher, wie ich denke, unsere Auffassung der juristischen Gewere als Besitz nicht widerlegen.

II. Schwieriger scheint nun freilich die Rechtfertigung der Bedeutung „Besitz" für die anderen Fälle der juristischen Gewere, weil hier nicht blos die Detention (in eigner Person oder durch Andere), sondern die factische Herrschaft überhaupt fehlt. Doch läßt sich auch hier jede Schwierigkeit durch folgende Betrachtungen lösen:

1. Der Besitz hat bei den Deutschen, wie bei den Römern eine doppelte Bedeutung. Er ist Inhalt von Rechten (der jura possidendi), er ist Quelle von Rechten (der jura possessionis).

Nun kann es sein, daß sich ein Bedürfniß zeigt, die jura possessionis auch in solchen Fällen anzuerkennen, in denen natürlicher Besitz fehlt. Wird dann diesem Bedürfnisse wirklich genügt, so wird sehr natürlich mit den Wirkungen des Besitzes auch dessen Benennung auf jene Fälle übergehen.

Gerade in dieser Weise scheint mir für zwei Fälle der juristischen Gewere, der durch Erbgang und der durch Lehnsvormundschaft, die Bedeutung „Besitz" erklärt werden zu können.

Was nämlich zunächst

a, die Besitzbedeutung der Gewere durch Erbgang betrifft, so erkläre ich mir dieselbe in folgender Weise:

Das deutsche Recht ließ bekanntlich den Erben nur in sehr mäßigem Umfange für die Schulden des Verstorbenen haften. Es scheint daher für dasselbe von jeher sehr nahe gelegt gewesen zu sein, den Erben bei dem Tode des Verstorbenen ipso jure in die Erbberechtigung eintreten zu lassen.

Allein dem stand für die älteren Zeiten entschieden entgegen jene realistische Auffassung des Sachenrechts, deren Darlegung einen Hauptgegenstand unserer bisherigen Ausführungen bildete (verbunden natürlich mit dem Umstande, daß der Deutsche sich unter Erbschaft einen Complex körperlicher Sachen dachte).

Diese realistische Auffassung ist nun freilich auch dem späteren deutschen Rechte nichts weniger als fremd. Sie hat aber doch gar sehr an Bedeutung verloren; das zeigt die freiere Auffassung der factischen Herrschaft über Sachen. Ja sie muß selbst als gebrochen gelten, wenn man die Ausnahmen von der Regel „Hand wahre Hand“ nicht mit Bruns eben auch aus einer freieren Auffassung des Besitzes (nämlich des Besitzes an Mobilien) erklären will.

Eben daher mußte der späteren Zeit das Lästige der alten Formen des Erbschaftserwerbes immer empfindlicher und damit der Gedanke nahe gelegt werden, sich von denselben zu emancipiren, d. h. den Erben auch ohne feierliche Ergreifung des Besitzes der Erbschaft, ja — da ein Ausschlagen der Erbschaft vermöge der Grundsätze des deutschen Rechts über die Haftung des Erben für die Schulden des Verstorbenen nicht zu erwarten war — sogar schon durch den Tod des Erblassers in dessen Rechte eintreten zu lassen.

Dennoch scheint das deutsche Recht diesen Gedanken nur allmählig zu voller Geltung gebracht zu haben.

Zunächst nämlich scheint die neue Regel des Erbschaftserwerbes nur für Descendenten in Anwendung gebracht worden zu sein. Für diese mußte dieselbe besonders nahe liegen, weil sie durch den Tod des Erblassers ohnehin regelmäßig in den Besitz der Erbschaft gelangten, so daß ihnen in der Regel nur die feierliche Form der Besitznahme der Erbschaft, nicht aber das alte Erforderniß der Besitznahme überhaupt erlassen schien.

Erst nachdem man sich durch diese beschränkte Abweichung vom ältern Rechte mehr und mehr an eine freiere Behandlung des Erbschaftserwerbes gewöhnt hatte, scheint man dagegen den Satz, daß der Todte den Lebendigen erbe, auch auf andere Verwandte angewandt zu haben [93]).

---

[93]) Daß die Umbildung des alten Rechts in Westfranken zunächst nur für Descendenten erfolgte, beweist schon die oben, §. 3, S. 118 mitgetheilte Stelle aus Demares Decis. no. 264, wonach noch selbst in späteren Zeiten die Regel : l. m. s. l. v. hier und da auf Collateralen keine Anwendung fand.

Für das Gebiet des westfränkischen Lehnrechts wird sie aber noch specieller bekräftigt durch folgendes Zeugniß :

Assisses de Jerusalem H. C. ch. 151 cf. ch. 152—171. Quant fié escheit à fiz ou à fille, qui est dreit (der Nächste) heir de celui ou de celle de par qui il li escheit, se peut metre par soi, se il est d'aage à fie aveir, en la saisine de cil fie, quant le pere ou la mere en muert saisi et tenant come dou sien, sans ce que il mesprent vers le seigneur d'aucune choze; porce que il est assise ou usage en cest reiaume, que le fiz ou la fille demore en la saisine et en la teneure de ce quei leur pere ou leure mère muert saisi et tenant come dou sien.

Daß aber eine ähnliche Entwickelung auch für das deutsche Recht behauptet werden muß, scheint mir durch folgende Zusammenstellung bewiesen :

Daß der Sachsenspiegel im Allgemeinen noch die alte Regel festhielt, scheint mir hervorzugehen aus dem Sächs. Land-R. III, 8, §. 1. (oben, §. 3, Note 84, S. 120).

Und daß selbst noch spätere sächsische Quellen seinem Beispiel folgten, ergeben die oben S. 119 mitgetheilten Zeugnisse.

Daß aber für Kinder doch schon auch im Sachsenspiegel das ältere Recht dem neueren Grundsatze gewichen ist, beweist — in Betracht des oben §. 3, Note 89 Bemerkten jedenfalls auch für das Landrecht —

Sächs. Lehn-R. 6. (oben, §. 1, Note 23).

Auch wird der Satz : der Todte erbt den Lebendigen, offenbar vorausgesetzt in :

Sächs. Land-R. I, 33. Nu vornemet um en wif die kint treget na irs mannes tode, unde sik barhaft bewiset to der bigraft oder to me drittegesten : wirt dat kint levendich geboren und hevet de vrowe des getüch an vier mannen de't gehort hebbet unde an tven wiven de ire hulpen to irme arbeite, dat kind behalt des vader erve; unde stirft it dar na, it erft up de muder, of sie ime evenbürdich is unde brict al gedinge an des vader lene, wend 'it levede na des vader dode etc.

Daher kann ich es auch nicht mit Renaud a. a. O. für eine bloße Ungenauigkeit halten, daß die Magdeburger Polizeiordnung E. XLIV, §. 15 die Regel : der Todte erbt den Lebendigen, nur für Kinder ausspricht.

Da nun aber das deutsche Recht gewohnt war, die dingliche Berechtigung überall als ein Recht des Besitzes zu betrachten, und da es an dieser Anschauungsweise, abgesehen von dem Falle des Erbganges, auch in späteren Zeiten durchaus festhielt, so kann es nicht auffallen, daß es mit dem dinglichen Rechte auch den Namen des Besitzes auf den Fall des Erbganges übertrug.

Diese Formulirung der neueren Regel mußte um so angemessener erscheinen, da ja auch das Erbrecht für Nichtdescendenten noch eine Zeit lang ein Recht wirklichen Besitzes blieb, nachdem es für Descendenten (möglicherweise) diese Bedeutung verloren hatte.

Ja sie mußte sich gleichsam von selbst machen, weil gerade für Descendenten, wie wir angedeutet haben, eigentlich nicht das Erforderniß der Besitznahme überhaupt, sondern nur deren feierliche Form nachgelassen worden war.

So, glaube ich, ist es zu verstehen, wenn das deutsche Recht eine Gewere in der Bedeutung Besitz durch Erbgang anerkennt[94]).

b. In ähnlicher Weise ist zu erklären die Besitzbedeutung der Gewere des Lehnsvormunds.

Die Frau war nicht wehrfähig und darbte daher an sich der Folge und Vererbung [95]). Jene Unfähigkeit zu beseitigen und dadurch die Frau dieser Rechte theilhaftig zu machen, das bezweckte eben die Beleihung des Lehnsvormunds zugleich mit der Frau [96]). Nun war ja aber Folge und Vererbung des Lehens

Die erste allgemeine Anerkennung derselben bietet wohl:

Glosse zum Sächs. Land-R. III, 83, §. 1. Zum andern kommt einer also in eines dings besitzung ob ihm ein erb anestirbt, das gut hat er allbereit in sinen geweren und besitzt es.

[94]) Uebrigens hat man, wie unten wahrscheinlich gemacht werden wird, der Regel: der Todte vererbe auf den Lebenden den Besitz des Gutes (vielleicht von jeher) noch die weitere Bedeutung gegeben, daß dem Erben auch die sonstigen Vortheile des Besitzes zukämen. Auch in diesem Sinne also durfte das deutsche Recht von Besitz durch Erbgang reden.

[95]) Homeyer a. a. O. II, 2, S. 298.

[96]) Homeyer a. a. O. II, 2, S. 351 ff.

bedingt auch durch Gewere als Besitz des Lehens und da die hebbende Gewere natürlich der Frau zukam, so konnte der Zweck des ganzen Instituts nur dadurch erreicht werden, daß man dem Vormund eine ideelle Gewere, ideellen Besitz zuschrieb.

Grade in unserem Falle war dies nun aber gewiß auch ganz unbedenklich vermöge des Princips, welches das ganze hier in Rede stehende Institut beherrschte.

Die gemeinsame Lehnsberechtigung des Vormunds und der Frau scheint mir nämlich beruht zu haben auf der Annahme einer Personeneinheit zwischen dem Vormunde und der Frau, die für das gesammte Rechtsverhältniß begründet wurde durch den Akt der gemeinsamen Beleihung beider. Nur so vermag ich mir zu erklären, daß die Wehrfähigkeit des Lehnsvormunds die Folgen der Wehrlosigkeit für die Frau aufhob. Eben dadurch wird es denn aber auch leicht verständlich, daß man dem Vormunde Gewere als Besitz „von der Frauen halber" beilegte.

Und so wird denn auch für die Gewere durch Lehnsvormundschaft die Bedeutung Besitz keinem gegründeten Bedenken unterliegen.

2. Etwas anders könnte dagegen zu erklären sein die juristische Gewere als Besitz durch widerrechtliche Entsetzung [97]).

Es kann nämlich nicht bezweifelt werden, daß dieselbe noch dem sächsischen Lehnrechte fremd war; denn wenigstens Gewere als Besitz sprechen die bereits von Homeyer relevirten Stellen dieses Rechtsbuchs dem widerrechtlich Entwerten offenbar ab.

Ihr Dasein ist selbst noch ungewiß für den Richtsteig Lehnrechts, denn nur die Parthei selbst ist es, die sich Art. 29, §. 3 Gewere (offenbar als Besitz) zuspricht.

Sie ist vielmehr vollständig unzweifelhaft erst für das Schwäb. Lehn- und Baier. Landr.

---

[97]) Zu der folgenden Erörterung ist zu vergleichen §. 1, Note 27.

Gerade von diesen Stellen kann aber vorausgesetzt werden, ja für das baierische Landrecht ist es sogar gewiß, daß sie bereits possessorische Rechtsmittel kannten. Eben darum liegt die Vermuthung nahe, daß sie lediglich um dieser Willen dem widerrechtlich Entsetzten Gewere als Besitz der Sache vindicirten, ähnlich wie das ältere römische Recht neben der possessio injusta eine justa possessio zuließ.

Möglich bleibt es übrigens doch, daß in diesen Stellen die Anerkennung einer Gewere des widerrechtlich Entsetzten nur eine Folge der Bewahrung der Beweisvortheile und etwa der Bußansprüche für den widerrechtlich Entsetzten ist; wenigstens vindicirt sich in der obenerwähnten Stelle des Richtsteigs Lehn-Rechts eine Parthei Gewere, d. i. Besitz unverkennbar um des Beweisvortheils Willen.

Nach dieser Auffassung würde dann freilich der sub 1 angedeutete Grund der Uebertragung der Benennung Besitz auf Fälle des Nichtbesitzes auch für die juristische Gewere des dejectus der entscheidende sein [98]).

---

[98]) Anmerken will ich noch an dieser Stelle, daß nach meiner Meinung Gewere als Besitz durch Erbgang und richterliches Urtheil auch bei Mobilien anerkannt wurde. Anderer Meinung sind freilich Klimrath und Renaud a. a. O., darum weil die s. g. complainte nur bei Immobilien vorkomme.

Allein diese Klage ist eine Klage aus der s. g. vraie saisine (rechten Gewere). Ihr Nichtvorkommen bei Mobilien beweist mithin nur, was ohnehin feststeht, daß vraie saisine an Fahrniß nicht statt hatte, keineswegs aber, daß keine simple saisine de droit (einfache juristische Gewere) durch Erbgang bei ihnen vorkam.

§. 5.

Die juristische Gewere ist Besitz. Fortsetzung.

Es ist in dem Bisherigen gezeigt worden, daß alle Einwendungen, die man gegen die Besitzbedeutung der juristischen Gewere erheben könnte, bei näherer Betrachtung nicht ausreichen.

Es sind aber jetzt noch die positiven Beweise der richtigen Meinung zusammenzustellen.

Ich kenne deren zwei, wie mir scheint, sehr schlagende:

1. nämlich ist es unzweifelhaft, daß die Quellen an die meisten Fälle der juristischen Gewere ausdrücklich Besitzwirkungen knüpfen [99]).

---

[99]) Auch dieser Satz ist bereits von Albrecht a. a. O. S. 28 ff. S. 79 ff. hervorgehoben worden, dieser Gelehrte will aber die Folgerung nicht zugeben, welche wir daraus ziehen zu müssen glauben. Die s. g. Besitzwirkungen, meint er, gehörten eigentlich nicht dem Besitze, sondern einem eigenthümlichen Begriffe des deutschen Rechts, dem Rechte der Vertretung der Sache an. Auf dieses Recht, in seiner defensiven Form nicht auf den Besitz, seien daher selbst die Rechte der hebbenden Gewere zurückzuführen und durch eben dieses Recht, in seiner offensiven Form, wurden auch die s. g. Besitzwirkungen der juristischen Gewere vollkommen erklärlich, ohne daß man zu der Annahme zu greifen nöthig hätte, die juristische Gewere sei fingirter Besitz.

Dieses Raisonnement scheint mir jedoch aus einem doppelten Grunde unhaltbar:

1. nämlich ist es nach unsern Quellen sehr wahrscheinlich, daß das deutsche Recht dem widerrechtlich Entsetzten ursprünglich die Besitzrechte nicht gab (s. unten S. 141), obwohl diesem die offensive Vertretung der Sache, d. h. dingliches Klagrecht, ohne Zweifel von jeher gebürte.

2. aber folgt auch ohne besondere Quellenzeugnisse schon aus der Natur der Sache, daß der juristisch Gewerte, um die Besitzrechte des juristisch Gewerten außer dem früheren oder gegenwärtigen Besitz in Selbstperson oder durch Andere nur voraussetzten: Das Dasein eines Titels juristischer Gewere, nicht aber auch den Nachweis der sonstigen Erfordernisse dinglicher Berechtigung, während die offensive Vertretung, d. h. dies dingliche Klagrecht bezüglich der Sache, nach dem im §. 2, S. 97 ff. Angedeuteten unzweifelhaft ohne diesen Nachweis nicht denkbar war.

2. aber trat die Besitzbedeutung der juristischen Gewere in vielen Stellen auch direct hervor.

Stellen wir zunächst die Belege des ersten Satzes zusammen, so finden wir Besitzwirkungen bezeugt :

I. Für die juristische Gewere durch Stellvertretung. Von dieser wird uns nämlich ausdrücklich bezeugt :

1. Die Erzeugung von Bußansprüchen wegen verletzter Gewere.

Sächs. Lehn-R. 14, §. 1. En gut mach maniges herren sin, also dat it en von deme anderen hebbe, doch mut enes die gewere sin. Svie so it in nut unde in gelde hevet und den tins dar ut nimt — die hevet die gewere dar an unde deme sal man dar af antwerden, of dar jeman uppe misse dut.

Richtsteig Land.-R. II, 7. Item als du fragest : du habest gut in deinem lediglichen geweren das habest du vermeggeret und habest in nutz nnd in gelt und sey dir geantwortet vor gericht fur benempt pfennge, auff dem gut sey frevel geschehen den sol man dir bussen. Und yener der dir das gut satzte und geantwortet hatt, der spricht er hab das gut von seinem heren und erb sey sein, man sal es im verbussen. Auch spricht der Lehen-Herre man soll es Im verbussen, welcher man Im es vorpussen sulle vor rechte?

Ich sprich : ist dein gut manches mannes also das es einer von dem andern habe. (Sachsen-Sp. II, 57), was man auff dem gut frevelt das sol man den pessern der es in ledigklichen weren hat. Hast du es aber von vermieten deswegen in geweren so unterscheid du den schaden. Ist es schedlich dem gut und das der schaden den nicht an rüret der es ge-

---

Das offensive Vertretungsrecht war also für das Dasein der Besitzvortheile einerseits nicht zureichend, andererseits entbehrlich und wird sonach für die Verbindung der Besitzrechte mit der juristischen Gewere nur die von uns versuchte Erklärung übrig bleiben.

miettet hat. vindt er jn so muss man im antworten. verget aber das vormiettende von dem schaden, so ist der schaden des hern. Hat man es aber von pfandeswegen in gewere, so bessert man den der das pfandt hat. Auch wissent kurz : wes der schad ist, dem geburt di clag von. dem sol man es bessern. wen ein man also thut und gibt sein pfenig auf gut, gevelt frevel oder schaden dar jn, darumb sol man Im bessern und puszen der sein gelt dar an hatte.

Diese Stellen sind freilich, die eine nicht ausführlich, die andere nicht klar genug [100]), um genau angeben zu können, wann der Anspruch auf Buße mit der hebbenden, wann mit der juristischen Gewere verbunden war. Die Thatsache im Allgemeinen aber, daß er in gewissen Fällen nicht dem reellen, sondern dem ideellen Inhaber gebürte, wird durch jene Zeugnisse außer Zweifel gesetzt.

Nicht minder gewiß ist

2. daß die juristische Gewere durch Stellvertretung zur Erwerbung rechter Gewere genügte. Freilich ursprünglich nur in beschränkterem Umfange, in späteren Zeiten aber selbst in solchen Fällen, in denen sie früher als nicht zureichend gegolten hatte.

Es sind nämlich in dieser Hinsicht folgende Fälle zu unterscheiden :

a. Wenn Jemand einem Andern Gut zu Lehen auftrug, aber von diesem sofort zurückempfing, so galt ursprünglich die juristische Gewere, die dem Oblaten vermöge der hebbenden des Offerenten zukam, für nicht genügend, um jenem rechte Gewere zu verschaffen.

Sächs. Land-R. I, 34. §. 2. Svelk man sin gut gift unde dat weder to lene untveit, dem herren hilpt de gave nicht.

---

[100]) Vergl. über die Stelle des Richtsteigs bes. Eichhorn d. St.- u. R.-G. Bd. II, Anm. zu §. 355.

he ne behalde dat gut in sinen lediglichen geweren jar unde dach. Sint mach he't sekerliken jeneme weder lien, so dat he, noch nen sin erve, nen egen dar an bereden mach.

Bewysinge I, S. 364. So horet vort to eyner fulkomen rechten gewere, dat man en ghud ses woken und eyn jar fredeliken sunder gewalt oder clagen in nut und in gelde gehat hebbe.

Diese ältere strengere Theorie finden wir indessen bereits durch eine mildere verdrängt bei:

Ruprecht von Freysing (Maurer II, cap. 87) — hat der man dy gewer pracht an dem lehne jar und tag, der den herrenn darzue gestell that, so hat der herr dj manschaft behabt und macht das dy gewer dy der man pracht hat und dy ist dem herrenn frumlich. Wann ein herr unnd sein man jar unnd tag bey nutz und bey gewer sittzt an ansprach, so sullen sy fürbas ledig sein.

Und daß diese mildern Grundsätze auch schon frühzeitig in der sächsischen Praxis überragen, hat bereits Homeyer [101]) durch zahlreiche Urkundenbelege überzeugend dargethan.

b. Keinem Anstand unterlag es aber wohl von jeher (auch nicht nach sächsischem Landrechte), daß der Mann (auch der Herr im Falle der Oblation?) einen Zinsmann od. dgl. auf das Gut setzte. Die Ausdrücke der Bewysung können nämlich sehr wohl auch auf ein solches Verhältniß bezogen werden, und eine ausdrückliche Anerkennung dieser Auffassung bietet sogar der schon von Albrecht relevirte [102])

Richtsteig Lehn-Rechts 29, §. 2 — — so vrage de here, we dar denne de rechte were an hebbe. So vindme de den tins dar ut boret. —

---

[101]) A. a. O. S. 316 ff.

[102]) A. a. O. S. 111, Note 241.

3. endlich darf auch nicht bezweifelt werden, daß die juristische Gewere durch Stellvertretung die processualischen Vortheile des Besitzes, insbesondere den Vorzug im Beweise gab.

Dafür bieten zwar kein directes, aber ein unbestreitbares indirectes Zeugniß zwei Stellen, auf die schon Homeyer [103]) gebürendes Gewicht gelegt hat, nämlich:

Sächs. Lehn-R. 38, §. 1. Svie so dem overen herren uplet sogedan gut alse he von' me nedern herren hevet, untveit hie't selve weder to lene oder en ander, unde besit he dar mede jar unde dach ane rechte wedersprake, unde ne weit is jene nicht an deme dat gut dar gedript, nicht ne mach he dar bi verliesen, of he sinen eid dar to dut binnen siner jartale, dat he's nicht ne wiste dat sin man dat gut gelaten hadde unde oft he't mit klage begript als it ime erst to wetene wert. Svelk ir denne jegen den overen herren sine erren lenes geweren getügen mach selve sevede siner manne, die he gehat hebbe von dem overen herren, die behalt dat gut. §. 2. Mach aver die man getügen dat dem herren sin gut mit rechte verdelt si oder he't upgelaten hebbe, so si des herren tüch verleget. Al hevet die man it gut in sinen geweren mit der nut, dar umme n'is sime herren die lenes gewere deste vernere nicht.

Richtsteig Lehn-Rechts 15, §. 8. Sprikt aver de man: here, ik hebbe dat gut van ju unde he nicht, unde sprikt de here, he hebbe dat von dem heren unde de man nicht, so vindme, we sines lenes redelike gewere bewisen mach, de beholt dat gud. — — Vraget ok de man, sint he dat gud in rechten geweren heft unde boret dat up, eft he darumme der were tüginge icht neger si. So vindme, he ne si, wente allene hebbe he die hebbende were, dar umme is de herre des lenes gewere de vorder nicht to betügende unde to

---

[103]) A. a. O. S. 415.

beholdende jegen sinen herren, dor des willen dat id sin man van siner wegen in geweren heft.

Der Fall, den diese Stellen behandeln, ist folgender:

A. hat dem B. Gut geliehen, dieser das Gut an C. verafterleiht, C. behauptet aber das Gut unmittelbar von A. selbst empfangen zu haben. Fragt sich: wer von beiden, B. oder C., geht im Beweise vor?

Die Antwort lautet: derjenige, der die ältere Belehnung bezeugen kann.

Das ist nun nicht wesentlich der Unterherr, die Stelle spricht mithin dem Inhaber der juristischen Gewere den Vorzug im Beweisrecht in concreto geradezu ab und kann daher unmöglich als directes Zeugniß dafür gelten, daß die Gewere durch Stellvertretung die processualischen Vorzüge des Besitzes gab.

Allein der Umstand, daß der Unterherr wenigstens möglicherweise zum Beweise kommt, daß das Beweisrecht nicht schlechthin dem (angeblichen) Afterlehnsmann zugesprochen wird, kann nur daraus erklärt werden, daß die juristische Gewere des Unterherrn galt als Besitz, der in abstracto geeignet war, den Beweisvorzug zu verschaffen.

Und so bietet denn die Stelle allerdings einen vollkommen zureichenden indirecten Beweis dafür, daß die Gewere durch Stellvertretung die processualischen Vortheile des Besitzes erzeugte [104]).

---

[104]) Durch die im Texte zusammengestellten Quellenzeugnisse sind für die juristischen Gewere durch Stellvertretung alle Besitzwirkungen nachgewiesen, mit Ausnahme des Rechts der Selbsthülfe. Auch dieses hat aber dem juristisch Gewerten sicher nicht gefehlt, insoferne es in Anwendung gebracht wurde nur zum Schutze der Ausübung derjenigen Rechte, die nicht dem Inhaber der hebbenden Gewere zukamen. Das ergibt schon die Natur der Sache. Dafür kann man sich aber auch berufen auf das Pfändungsrechts, das man noch heutzutage unter der soeben angedeuteten Voraussetzung dem im Besitze Vertretenen einräumt; wenigstens dann, wenn man dieses Recht als ein Recht der Selbsthülfe auffaßt.

II. Die Gewere durch Erbgang gab:

1. Das Recht der Selbstunterwindung.

Das sächsische Lehnrecht bezeugt dieses Recht ausdrücklich und bemerkt dabei noch ganz speciell, daß dasselbe ein Ausfluß der (juristischen) Gewere sei [105]).

2. Das Recht, den Besitz des Erblassers (und gewiß auch den leeren Zwischenbesitz nach dem Tode des Erblassers bis zu der Besitzergreifung durch den Erben) für die Erwerbung der rechten Gewere durch den Erben in Anschlag zu bringen.

Dies bezeugt ausdrücklich:

Richtsteig Lehnrechts 22, §. 5. — wo lange ok din vader en len in sinen weren gehat heft, dat machstu reken to der tid dat der id gehad hest in geweren, unde ok mit eden, wen de vader ervet up den sone alse vaste die were des gudes also dat gud [106]).

---

[105]) Sächs. Lehn-R. 6, §. 1. die vader erft uppe'n sone die gewere des gudes mit sament dem gude; dar umme ne bedarf die sone nicht dat man ime des vader gut bewise.

[106]) Uebrigens halte ich es trotz dieser Stelle für zweifelhaft, ob das ältere Recht, wenn es überhaupt bereits das Institut der rechten Gewere kannte (Beseler Erb-V. Th. I, S. 37, Note 44), der Fiction des Besitzes bedurfte, um das Zusammenrechnen des früheren und späteren Besitzes zu ermöglichen. Es gilt m. E. für diesen speciellen Fall Alles das, was oben, S. 121 ff. bereits in allgemeinerer Fassung ausgesprochen worden ist.

Zweifelhaft bleibt übrigens auch hier wieder, ob die juristische Gewere durch Erbgang die sonstigen Vortheile des Besitzes gab?

Homeyer a. a. O. II, 2, S. 418 glaubt freilich diese Frage unbedingt verneinen zu müssen und beruft sich dafür, was insonderheit das Beweisrecht angeht, auf

Sächs. Lehnrecht 35, §. 1. Of die herre liet kinderen ires vader gut bi ires vader live unde die vader alene dat gut in geweren hevet bit an sinen dot, na des vader dode komen die kindere to' me herren unde bidden dat he in bekenne sogedanes gudes alse he in gelegen hebbe. Disses solen sie geren binnen irer jartale. Ne bekant in de herre des gudes nicht, so bieden sie't mit getüge to behaldene. Den getüch mach doch die herre verlecgen so sie der gewere darvet, sie ne mogen die le-

III. Für die juristische Gewere durch **widerrechtliche Entsetzung** endlich wird uns ausdrücklich bezeugt, daß sie die Beweisrechte gab [107]).

Richtsteig Lehnrechts 29, §. 3 ist freilich, wie schon oben bemerkt wurde, in dieser Hinsicht nicht bestimmt genug. Allein es ist ja überhaupt noch zweifelhaft, ob dieses Rechtsbuch bereits juristische Gewere durch widerrechtliche Entsetzung kannte [108]).

---

nunge getügen na gedingetes rechte. So is den kinderen gut, das sie volgen irs vader gude manscap to biedene irme herren, wende sie ane gewere nen len daran bereden ne mogen, is ne wille in die herre bekennen.

Ich kann jedoch diese Stelle nicht für beweisend gelten lassen.

Der Fall der Stelle ist der einer Gesammtbelehnung der Kinder mit dem Vater, wie auch Homeyer selber nicht verkannt hat (vgl. dessen Anmerkung zu §. 1).

Für den Fall der Gesammtbelehnung also bemerkt die Stelle Folgendes:

Es sei zu unterscheiden, ob die Kinder bei Lebzeiten des Vaters den Mitbesitz an dem Gute hatten oder nicht.

Von dem ersten Falle handelt §. 2, der uns hier nicht näher interessirt, den zweiten Fall bespricht §. 1 und geht dabei offenbar von dem Satze aus, daß die Kinder durch die Aufgabe des Besitzes (nach bekannten Grundsätzen) auf ihr Lehnrecht selbst verzichtet hätten und daß daher der Herr befugt sei, ihnen die Beleihung mit dem väterlichen Gute willkürlich zu verweigern. Sie gibt daher den Kindern den Rath, sich gar nicht auf die Gesammtbelehnung, sondern auf ihr gesetzliches Erbrecht zu berufen, ohne jedoch genauer zu erörtern, wie letzterenfalls die Frage nach dem Beweisrecht zu beantworten ist.

Ist anders diese Erklärung richtig, so handelt die Stelle weder von dem Falle eigentlichen Erbganges (sondern von dem der Gesammtbelehnung), noch von dem bloßen Beweisrecht (sondern von dem Lehnrechte selbst), ist mithin in keiner Weise geeignet, das darzuthun, was Homeyer aus derselben darzuthun versucht hat.

[107]) Wahrscheinlich gab die juristische Gewere durch widerrechtliche Entsetzung auch die **Bußansprüche**, die Richtsteig Lehnrechts 14, §. 1 freilich nur dem widerrechtlichen Besitzer ab-, noch nicht dem widerrechtlich Entsetzten zuspricht.

Das **Recht der Selbsthülfe** (resp. des Pfändungsrechts) mußte dagegen der Dejectus der Natur der Sache nach entbehren.

[108]) Oben, §. 2, Note 27 (S. 88. 89).

Desto unzweideutiger lautet dagegen ein Schles. Schöffenurtheil [109]), auf das schon Bruns [110]) aufmerksam gemacht hat, wo nach der Endveste

nehir ist, bey sulchir were czu bleybin, denn sy ymand gebrechin moge [111]).

---

[109]) Bei Böhme, Beitr. zum Schles. R. Bd. 6, S. 152.

[110]) A. a. O. S. 308.

[111]) Gab denn auch die Gewere durch Auflassung, Zuurtheilung oder Lehnsvormundschaft Besitzvortheile? Darüber geben die Quellen keine ausdrückliche Kunde, die Natur der Sache scheint mir dagegen zu folgendem Ergebnisse zu führen:

1. Die Gewere durch Auflassung beruhte nach unserer Ansicht auf demselben Principe, wie die durch Stellvertretung. Sie erzeugte daher auch unserer Meinung nach alle Wirkungen der Gewere durch Stellvertretung.

A. M. ist zwar Homeyer a. a. O. S. 417. 418, insbesondere was die Beweisvortheile angeht. Seine Gründe haben mich aber nicht überzeugt.

Homeyer beruft sich für seine Ansicht auf Sächs. Lehn-R. 57, §. 1, in welcher Stelle bezüglich des Beweises der Eventualbelehnung (Geding am Lehen) folgende Bemerkung gefunden wird:

deste he's den herren innere of he's nicht ne bekant, binnen siner rechten jartale, mit tvier siner manne getüge die de lenunge sagen unde horden, do he't ime sunder gewere lech.

Ferner auf schwäb. Lehn-R. 157 (vollständig mitgetheilt zur ersten Abhandlung §. 6, Note 131), nach welcher Stelle der Erwerber die erre gewere nur kraft Beweisung geltend machen kann.

mac der erre man bereden, daz er (der herre) im daz gut lech und wisunge dar uf gap mit sinem boten und mac er daz erzeugen mit zwein des herren mannen, er hat daz gut vor ienem u. hete im der herre niht wisunge uf daz gut gegebin so heti ez der ander behebt.

Die erste Stelle erklärt sich aber einfach durch folgende Erwägung:

Ist der Mann im reellen Besitze, dann wird natürlich dem Herrn die Behauptung eignen Besitzes der Berechtigung des Mannes unmöglich, denn der Mann könnte diese Behauptung durch leibliche Beweisung entkräften, kann aber der Mann nur eine ideelle Gewere behaupten, dann kann der Herr ohne Gefahr der Widerlegung durch die Thatsache selbst behaupten, daß er vermöge der Nichtbelehnung noch in Geweren des Gutes sei und es bleibt daher nichts übrig, als daß ihm der Vasall eigentliches Zeugniß zweier Mannen, die es sahen und hörten, entgegenstellt. Folglich kann durch diese Stelle nicht bewiesen werden, daß die juristische Gewere durch Auf-

Das sind die ausdrücklichen Zeugnisse über Besitzwirkungen juristischer Gewere. Ich zweifle nicht, daß sich gleiche Wirkungen

---

lassung die Beweisvortheile überhaupt, sondern nur, daß sie dieselben (aber schon der Natur der Sache nach) dem Herrn gegenüber nicht gibt.

Dritten Personen gegenüber läßt sich also der Vorzug im Beweise sehr wohl denken (sofern nicht besondere Gründe für den Ausschluß vorliegen).

Was dagegen die zweite Stelle angeht, so ist für deren richtige Würdigung Folgendes zu beachten :

Es ist oben bereits angemerkt worden, daß man darüber streite, ob die deutschen Lehnrechtsbücher juristische Gewere durch Belehnung nur im Falle der Belehnung mit noch begründeten oder auch im Falle der Belehnung als Neubegründung an Lehnrechten anerkennen.

Diese Frage, die wir früher vorläufig ungelöst lassen mußten, nehme ich an dieser Stelle keinen Anstand im Sinne Homeyer's zu beantworten, m. a. W. ich beschränke in der That die juristische Gewere aus der Belehnung auf die Belehnung mit begründeten Rechten.

Darum nämlich, weil die juristische Gewere durch Belehnung von mir aufgefaßt wird nicht bloß als dingliches Recht, sondern zugleich als Besitz, weil aber, wie nicht näher ausgeführt zu werden braucht, Gewere als Besitz durch die oben für Homeyer's Ansicht beigebrachten Artikel des sächs. Lehnrechts in den Fällen der Neubelehnung aufs Entschiedenste ausgeschlossen wird.

Dies vorausgesetzt verliert nun in der That die Stelle des schwäb. Lehnrechts allen Schein.

Die Stelle behandelt folgenden Fall :

A. gibt krankheitshalber sein Lehen dem Herrn auf und veranlaßt nun, d. h. nachdem sein Lehnrecht an den Herrn wirklich zurückgefallen ist, eine Neubelehnung des B. Offenbar sind es also nicht begründete, sondern neuzubegründende Lehnrechte, die B. erwirbt, folglich bedurfte auch B. zur Erwerbung der Gewere, d. h. des Besitzes und des dinglichen Rechtes der Beweisung, d. i. hebbender Gewere. Von einem Falle juristischer Gewere ist also in der That in dem art. 157 gar nicht die Rede und wie daher auch seine Entscheidung über das Beweisrecht lauten mag, für unsere Frage ist dieselbe vollkommen irrelevant.

2. Ganz nach Analogie der juristischen Gewere durch Auflassung wird wohl die juristische Gewere durch richterliches Urtheil zu behandeln sein, obwohl auch für sie ausdrückliche Zeugnisse der Besitzwirkungen vermißt werden.

Nur in einer Hinsicht möchte eine Verschiedenheit zwischen beiden Fällen obgewaltet haben.

für die der juristischen Gewere so nahe verwandte saisine de droit nachweisen lassen. Indessen ist meine Kenntniß des französischen Rechts nicht tief und umfassend genug, daß ich es selber wagen dürfte, diesen Nachweis zu führen. Ich will mich daher begnügen, dessen Erbringung gründlicheren Kennern des französischen Rechts empfohlen zu haben und nur die Bemerkung beifügen, daß ich wenigstens für einen Fall der saisine de droit, für die saisine des Erben, schon in den Ausführungen von Renaud und Warnkönig Hinweisungen auf die richtige Ansicht gefunden habe.

Renaud [112]) hat bereits bemerkt, daß der Erbe das Recht hatte, sich eigenmächtig in den Besitz der ererbten Sache zu setzen und die Ersitzung des Erblassers fortzusetzen. Warnkönig [113]) aber hat sich über die possessorischen Rechtsmittel des Erben bereits ausführlicher verbreitet.

Sowohl die juristische Gewere durch Urtheilung als durch Auflassung gab nach meiner Meinung u. A. auch das Recht der Selbstunterwindung.

Während nun aber dieses Recht in dem ersten Falle in der That betrachtet werden muß als eine Folge des ideellen Besitzes, erscheint es im zweiten Falle nur als ein eigenthümliches Recht aus der Auflassung, wie wir dasselbe bereits in der ersten Abh. §. 6, S. 55 näher kennen gelernt haben.

Das beweist eine Vergleichung der Stellen Abh. 1, §. 1, Note 19 (S. 13) mit dem, was soeben über den Umfang der juristischen Gewere durch Auflassung beigebracht worden ist.

Was endlich

2. die juristische Gewere des Lehnsvormunds angeht, so möchten diesem — nach dem besonderen Zwecke seiner juristischen Gewere — die eigentlichen Besitzrechte abgegangen sein.

[112]) Zeitschr. für ausländ. R.-W. Bd. XIX, Nr. 5.

[113]) Franz. St.- u. R.-G. Bd. II, S. 466 ff.

§. 6.

Die juristische Gewere ist Besitz. Beschluß.

Ich habe jetzt noch zu zeigen, daß die von mir behauptete Besitzbedeutung der juristischen Gewere in zahlreichen Quellenbelegen sogar ganz unmittelbar hervortritt.

Manche dieser Belege haben wir bereits durch die bisherigen Ausführungen kennen gelernt.

So sind als solche unmittelbare Zeugnisse der Besitzbedeutung der juristischen Gewere zu betrachten die Stellen, welche die Dinglichkeit des Lehnrechts von der Gewere abhängig machen. In diesen Stellen, so sehen wir, muß der Ausdruck Gewere nothwendig vom Besitze verstanden werden. Dennoch ist es keinem Zweifel unterworfen, daß auch Gewere durch Stellvertretung, Auflassung, Erbgang dingliche Rechte am Lehen geben. Also muß die juristische Gewere, die wir in allen diesen Fällen finden, Besitz sein [114]).

Eben diese Bedeutung haben wir für die juristische Gewere durch Stellvertretung schon aus der Stelle nachgewiesen, die an dieselbe den Beweisvorzug knüpft [115]).

Und noch unmittelbarer tritt dieselbe hervor in folgenden Stellen:

1. Sächs. Lehn-R. 6. die vader erft uppe'n sone die gewere des gudes mit sament deme gude; dar umme ne bedarf die sone nicht, dat man ime des vader gud bewise.

Denn die Erklärung, die Albrecht [116]) von dieser Stelle gibt: Lehen bezeichne die Causa, Gewere das dingliche Recht, ist sicher falsch. Schon die Consequenz, die daraus gezogen wird, daß der Erbe Gewere hat, beweist dies klar.

---

[114]) S. oben, §. 3, S. 115 ff.

[115]) S. oben, §. 5, S. 138 u. 139.

[116]) A. a. O. S. 34.

2. Schwäb. Lehnr. art. 96 (Laßberg). Lehen ane gewere ist nit lehen, gewere ane lehen ist nit lehen. Svem man sine gewere mit gewalt nimt der verliuset weder gewer, noch lehen, dem man och sin lehen mit gewalt nimt, der verliuset och weder lehen noch gewer.

Daß hier das Recht durch Lehen bezeichnet wird, ist klar, ebendaher kann aber gewere nur den Besitz bezeichnen. Auch ist es klar, daß diese gewere als Besitz nicht blos zu denken ist als hebbende, denn sie wird ja auch dem widerrechtlich Entsetzten zugeschrieben.

Zu diesen schon früher besprochenen Belegen kommen nun aber noch folgende, meist neuere, theils deutschen, theils französischen Ursprungs, hinzu.

Freilich hat man gerade diese Zeugnisse aus einem bloßen Mißverständnisse der späteren Jurisprudenz erklären wollen [117]). Aber gewiß mit Unrecht. Denn diese mochte wohl eine unrömische Erweiterung des Besitzbegriffes auf das römische Maaß zurückführen, unmöglich aber kann man ihr zutrauen, daß sie umgekehrt einen Besitz anerkannte auch über die vom römischen Recht gezogenen Gränzen hinaus, wenn diese Anerkennung nicht durch andere Gründe geboten war, als eine mißverständliche Terminologie oder einzelne von der römischen Regel abweichende Rechte des Nichtbesitzers. Wenn also die Romanisten der saisine de droit in der juristischen Gewere die Bedeutung von Besitz zuerkannten, so kann dies nur daraus erklärt werden, daß diese Bedeutung in der Rechtsanschauung des Volkes so feststand, daß sie bloß durch die Wissenschaft nicht beseitigt werden konnte. Ich sehe daher unbedenklich in den folgenden Stellen eine Reihe der wichtigsten Belege für die Besitzbedeutung der saisine de droit und der juristischen Gewere.

---

[117]) So z. B. Renaud in der angef. Abh. S. 135, und Warnkönig franz. St.- u. R.-R. Bd. II, S. 464.

I. Zeugnisse aus französischen (und niederländischen) Quellen.

1. Für den Besitz durch Erbgang.

Cout. de Rheims (15. Jahrh.) art. 25. Ils (les héritiers) sont saisis, vestuz et en vraie possession et saisine.

Cout. de Rheims art. 42. les héritiers à demy-naissant ont et à ceulx appartient en tout droit possessoire.

Gr. cout. II. Des cas de nouvelleté. Mais en titre de succession le hoir se peut dire incontinent aprés la mort de son prédécesseur en possession et saisine des biens du trepassé, dont il se dit hoir quia saisina defuncti descendit in vivum.

Brüsseler Stadt-R. Tit. van der succession ende Verstarfnissen art. 247.

der Doode erft ende saiseert den lebenden synen naesten hoir ende erfgenaem, bequem wesende em te succederen ende wort de Possessie by de doodt op denselben ghecontinweert.

Paullus de Castro : Mortuus saisit vivum importat, quod heres succedit in possessionem fundi defuncti, quae transfertur in eum sicut et dominium.

Tiraquellus : Mors facit possessorem vivum sine ulla contradictione.

2. Für den Besitz durch Auflassung :

Cout. de Rheims art. 165. Saisin eou veest est un acte solemnel fait par le seigneur foncier ou sa justice par la tradition d'un petit baston ou buchette à l'acquéreur, par lequel le dict acquéreur acquiert droit de proprieté et possession en l'héritaige par luy acquis, pourveu qu'il (le vendeur) se soit préalablement dévestu du dict héritaige au proufflet d'iceluy achepteur et non autrement.

Wendelin ad l. Sal. s. v. festuca (flandrischer Rechtsgebrauch) s. oben Abh. 1, §. 4, Note 93 in den Worten : „in manus tuas trado et inmitto te in realem, actualem et corporalem possessionem.

Cap. 2, X. de consuet. IV, 2. (Innocentius III, Arch. et Cap. Lugdun. a. 1199.) Si vero aliquas claustris vel aliis religiosis locis in bona valetudine vel ultima voluntate pro suorum vult remedio peccatorum conferre : hanc conferendi formam proponis, quod in huiusmodi donatinoibus modicum terrae consuevit in manu accipere vel in extremitate pallii, quod manu Praelati Ecclesiae sustinetur aut super altare ponendum sub testimonio videntium et audientium sub dicta forma, quae scotatio vulgaretur appellatur. Discretioni vestrae mandamus, quatenus donationes eorum, quae sub obtentu consuetudinis, Claustris, Ecclesiis vel quibuslibet locis religiosis pie conferuntur vel etiam sunt collata, faciatis irrevocabiliter observari, cum hujusmodi signum, quod scotatio dicitur, non tam factae donationis, quum traditae possessionis sit evidens argumentum.

3. Für den Besitz des widerrechtlich Entsetzten :

Grand. cout. II, 21. Celui qui se plaint en cas de nouvelleté, se doit garder de dire qu'il soit dessaisi ou depouillé, car il ne pourrait pas intenter la nouvelleté s'il ne possedait ou contentait posséder.

Stylus curiae parlamenti 1330.

Conquerens in casu novitatis cavere debet, ne dicat se spoliatum, quia in tali casu non potest agere hoc interdicto, quia hoc interdictum nunquam competit nisi illi, qui se dicit possidere.

II. Zeugnisse aus deutschen Quellen :

1. Für den Besitz durch Erbgang :

Glosse zum sächs. Lehn-R. III, 83, §. 1.

zum andern kommt einer also in eines dinges besitzung, ob ihm ein erbe anstirbt, das gut hat er allbereit in sinen geweren und besitzt es.

2. Für den Besitz durch Auflassung:

Schoepflin Alsat. ill. no. 893 (a. 1304). vendiderunt, tradiderunt et libere resignaverunt per porrectionem calami, ut est moris, quae more scotationis secundum consuetudinem civitatis et dioeceseos Argentinensis pro traditione (offenbar im römischen Sinne) habetur.

Urkunde bei Guden. III, p. 28 (a. 1305). — ponendo et mittendo eos in poss. corporalem bonorum omnium predictorum literas per praesentes.

Lünig, Corp. jur. feud. II, 1403 (a. 1670). so waere dieses Fürstenthums (Lauenburg) hergebrachter Gewohnheit gemäsz, dasz die neuen Lehnleute durch Angreiffung ihres gn. Lehnsherrn Huts ihrer Lehnstücke halber vergewissert u. in die Possession gesetzet würden.

Nach Allem dem konnte denn freilich die französische saisine de droit nicht besser definirt werden, als von

Beaumanoir Cout. de Beauvoisies ch. 6, p. 37 verbis: „chose, dont droits ou coustume li donne la saisine.“

und wird auch von der juristischen Gewere der deutschen Quellen behauptet werden müssen: sie ist Besitz, den Recht oder Sitte gibt.

§. 7.

Die Gewere ist dingliches Recht.

Wir haben in dem Bisherigen den Beweis zu erbringen gesucht, daß Gewere, juristische wie hebbende, Besitz sei. Es bleibt noch übrig eine zweite Bedeutung der Gewere, hebbender wie juristischer, nachzuweisen, die Bedeutung: dingliche Berechtigung.

Sie kann in zweifacher Weise gedacht werden:

1. Entweder so, daß sie eben so ursprünglich ist, wie die

Bedeutung: Besitz, daß Gewere von Haus aus sowohl Besitz, als dingliches Recht bedeutet, oder

2. so, daß Gewere zunächst nur den Besitz bezeichnet, daß aber die Bezeichnung des Besitzes auch zur Bezeichnung des dinglichen Rechtes benutzt wird.

Was die erste Auffassung angeht, so ist sie zwar die Albrecht's und nach seinem Vorgange die aller anderen Germanisten, mit Ausnahme Homeyer's, dennoch aber scheint sie mir aus doppeltem Grunde verwerflich.

1. scheint mir die große Verschiedenheit, die bei allen gegenseitigen Beziehungen doch immer zwischen Besitz und dinglichem Rechte besteht, die Annahme einer sprachlichen Identificirung, diese gedacht als ursprüngliche, nicht zu gestatten, und

2. spricht auch gegen diese Annahme der Umstand, daß der Ausdruck gewere, so viel ich sehe, immer nur da für die dingliche Berechtigung vorkommt, wo diese mit Besitz, reellem oder doch ideellem verbunden ist, da doch, jene Annahme als richtig betrachtet, kein Grund für eine solche Beschränkung gedacht werden könnte.

Es wird sonach die herrschende Erklärung für die hier in Rede stehende Bedeutung der Gewere jener sub 2 angedeuteten Auffassung weichen müssen.

In dieser Auffassung muß denn aber die Bedeutung: dingliche Berechtigung für die Gewere, hebbende wie juristische, trotz Homeyer's Widerspruch, entschieden festgehalten werden.

Dabei müssen jedoch zwei Fälle von einander geschieden werden:

1. in manchen Stellen knüpft sich die Bedeutung dingliche Berechtigung nur an an die Bedeutung des Besitzes, Gewere heißt: Besitz und dadurch dingliches Recht.

So in den Stellen, die von einem Uebertragen oder Bewahren der gewere reden. Da nämlich, wie wir oben sahen, die Erwerbung und Bewahrung des dinglichen Rechts nach deutschem Rechte vom Erwerben und Bewahren des Besitzes abhing, so mußte dem Deutschen Besitz übertragen, Besitz bewahren, zugleich bedeuten: dingliches Recht übertragen und bewahren, ähnlich wie auch dem Römer tradere Besitz und damit dingliches Recht übertragen ist.

2. In anderen Stellen dagegen heißt gewere selbstständig soviel als dingliche Berechtigung.

Bei der nahen Verwandtschaft zwischen Besitz und dinglichem Rechte liegt nämlich für solche Fälle, wo beide in einem Subjekte verbunden sind, eine Uebertragung der Bezeichnung des Besitzes auf die dingliche Berechtigung äußerst nahe. Und wie daher in Fällen dieser Art der Römer das dominium auch durch possessio bezeichnete, so diente dem Deutschen der Ausdruck gewere auch zur Bezeichnung des dinglichen Rechts.

Es bleibt noch übrig, die von uns für die Gewere in Anspruch genommene Bedeutung dingliche Berechtigung mit einigen Quellenzeugnissen zu bekräftigen, und so mögen denn verglichen werden:

ad 1:

a. Zwei Stellen über Gewere durch Stellvertretung.

Sächs. Lehnr. 62, §. 1 (über Gewere durch Besitz eines Amtmanns) [118].

Baier. Landrecht bei Heumann S. 87 (über Gewere der bemorgengabten Frau durch Besitz des Ehemanns) [119].

b. Die sämmtlichen Zeugnisse über Gewere durch Auflassung [120].

In allen diesen Stellen nämlich fehlt für den Ausdruck Gewere keineswegs die Bedeutung Besitz, aber unverkennbar knüpft sich daran die Bedeutung: dingliches Recht.

---

[118]) Oben, §. 1, Note 18.
[119]) Oben, §. 1, Note 26.
[120]) Oben, §. 1, Note 22.

ad 2:

Wie ist denn nun aber diese zweite Bedeutung der Gewere genauer aufzufassen?

Ist die Gewere als dingliche Berechtigung blos dingliche Klagberechtigung oder ist sie das dingliche Recht selbst? Ferner ist sie dingliche Berechtigung jeder oder nur dingliche Berechtigung bestimmter Art?

Hier scheint mir auf alle Fälle gewiß, daß der Ausdruck Gewere auch zur Bezeichnung der dinglichen Berechtigung an Mobilien gebraucht wurde. Ein schon weiter oben angezogenes Magdeburger Schöffenurtheil allein reicht hin, um dies zu beweisen[121]).

Und noch weniger ist die Ansicht Brackenhoeft's, der die juristische Gewere mit der rechten Gewere identificiren will, begründet; das bedarf wohl nicht erst einer besondern Ausführung.

Was dagegen die Frage angeht, ob die Gewere das dingliche Recht selbst oder nur das dingliche Klagrecht bezeugt, so scheint es mir so natürlich, von diesem auf jenes zu schließen, daß ich mich unbedenklich dafür entscheide, daß die juristische Gewere das dingliche Recht selbst bezeichnet.

Auch scheitert diese Ansicht nicht an den oben, S. 91, angeführten Albrecht'schen Bedenken. Darum nicht, weil die Sätze, auf welche sie sich gründen, wie mir scheint, in keiner Weise gerechtfertigt sind.

Was nämlich zuvörderst den Satz angeht, daß das deutsche Recht Gewere in Fällen blos persönlicher Berechtigung kenne, so kann man diesen einfach ablehnen. Denn daraus, daß der Commodatar ꝛc. nach römischem und darum auch nach heutigem Rechte nur als persönlich Berechtigter gilt, folgt doch nicht, daß er auch nach deutschem Rechte so angesehen werden müsse, für dieses unterliegt es daher nicht dem geringsten Anstand, die Gewere, die die Quellen jenem zuerkennen, als dingliche Berechti-

---

[121]) Oben, §. 1, Note 27 (S. 89).

gung selbst, nicht blos als dingliche Klagberechtigung aufzufassen.

Und ganz ähnlich verhält es sich mit Albrecht's anderem Argumente, daß das deutsche Recht Eigenthum, also dingliches Recht ohne Gewere kenne. Ich entgegne auch hier:

Daß der Römer sich das Eigenthum durchaus nur als jus in re dachte, ist nicht zu verkennen, daß aber das Eigenthum (sit venia verbo!) an fahrender Habe mehr als ein persönliches Recht war, sobald nicht die Gewere hinzutrat, scheint mir unerweislich. —

Doch bedarf die Verwerfung dieses zweiten Albrecht'schen Satzes allerdings einer specielleren Rechtfertigung gegen die Gründe, die Budde [122]) für denselben beigebracht hat.

Nachdem dieser Gelehrte darzulegen gesucht hat, daß der Mobiliareigenthümer, der einem Andern die Gewere überläßt, trotz der Regel: Hand wahre Hand, von den Quellen als Eigenthümer betrachtet werde [123]), wirft er sich selbst das Bedenken auf, worin denn eigentlich die Bedeutung dieses Eigenthums bestanden habe? und beantwortet die Frage dahin:

1. Der Eigenthümer habe eine persönliche Klage zur Wiedererlangung seiner Sache resp. auf Schadensersatz gegen denjenigen, dem er dieselbe übertragen hat.

2. Er habe nach dem Tode des Erwerbers eben diese Klage gegen dessen Erben oder gegen den Richter, der sich des erblosen Nachlasses überwunden hat.

3. Er könne jede dingliche Klage durch eine Einrede zurückweisen, d. h. wenn derjenige, der die Sache contractlich inne habe, sie verkaufe, fehle zwar dem Eigenthümer die Klage gegen Dritte, er habe aber auch gegen Dritte eine Einrede, wenn er

---

[122]) De vindicatione rerum mobilium Germanica. Bonn. 1837, p. 35.

[123]) A. a. O. p. 31 ff.

auf rechtliche Weise wieder in den Besitz der Sache gekommen sei. Das ergebe sich aus Richtsteig Landrechts cap. 17.

4. Er habe bei allen Klagen gegen den contractlichen Besitzer der Sache, als dessen Gewere, die Rolle des Beklagten zu übernehmen.

Ich bemerke dazu Folgendes:

Daß die für den Eigenthümer an Fahrniß üblichen Benennungen demselben verbleiben, trotzdem daß er die Sache aus der Hand gegeben hat, ist durch Budde zu Genüge dargethan.

Was aber die Frage angeht, ob dieses Eigenthum ohne Gewere bloß eine persönliche oder dingliche Bedeutung habe, so braucht nicht erst speciell hervorgehoben zu werden, daß die von Budde unter 1, 2, 4 angedeuteten Wirkungen sich sehr wohl auch mit der Annahme blos persönlicher Berechtigung vertragen. Alles kommt daher darauf an, ob die Stelle des Richtsteigs Landrechts das beweist, was Budde daraus folgert.

Da findet sich nun beim ersten Blicke, daß in der Stelle selbst auch kein Wort darauf hindeutet, daß der Verfasser von der Vindication einer Sache handle, die der Eigenthümer freiwillig außer Geweren gelassen hat. Die einzige Stütze für Budde könnte höchstens gefunden werden in der Rubrik: „Van antworde varender haven, die een gelent." Nun hat aber die Edition des Richtsteigs von Unger [124]) dargethan, daß von Handschriften und Ausgaben nur die Senkenberg'sche diese Ueberschrift kennt. Die übrigen bieten die Rubrik: „anfanck zu thun umb gestolen gut" „von antwurt umb varende habe, die em man gezeuget hat (betüken mag)" „van varender have unde wo man enen antfangk den schal." Jene Senkenberg'sche Rubrik scheint mir unter diesen Umständen, d. h. da sie nicht blos aller andern handschriftlichen Autorität entbehrt, sondern überdies zu dem Texte nicht paßt, als auf einem bloßen Ver-

[124]) Des Richtes Stig. Göttingen, 1849.

sehen beruhend angesehen werden zu müssen. **Ich behaupte daher**, trotz des Richtsteigs cap. 17. daß der Eigenthümer durch die Veräußerung des Pfandgläubigers rc. nicht bloß die Klage, sondern auch die Einrede, d. h. das dingliche Recht selbst verlor. —

Es ist jetzt nur noch übrig, den Stellen, welche von einem breken. verdeilen. afgewinnen der gewere reden, eine kurze Betrachtung zu widmen, darum weil Homeyer auch in diesen Stellen dem Ausdrucke gewere eine absonderliche Bedeutung vindicirt. Sie wird, wie ich glaube, lediglich zur Bestätigung dessen dienen, was bisher über die Bedeutung der Gewere bemerkt worden ist. Denn in allen diesen Stellen ist gewere auch zunächst wieder Besitz, die Bezeichnung des Besitzes dient aber möglicherweise auch zur Bezeichnung des dinglichen Rechts.

Gewere ist auch in diesen Stellen zunächst Besitz, diese Behauptung ermöglicht die folgende Betrachtung.

Sowie Besitz entstehen kann auch ohne corporalis possessio, sobald die thatsächliche Möglichkeit der ausschließlichen Beherrschung der Sache in anderer Weise gegeben ist, so muß mit dieser Möglichkeit auch der Besitz aufhören, trotz der Fortdauer der körperlichen Innehabung.

Ein Fall dieser Art liegt nun unverkennbar auch da vor, wo der Richter den detentor des Besitzes der Sache für verlustig erklärt hat. Daher muß dieser lediglich durch den Spruch des Richters und noch vor seiner Immission so angesehen werden, als wäre letztere bereits wirklich erfolgt. Er hat aufgehört zu besitzen (nämlich der Vortheile des Besitzes zu genießen) und gerade das scheinen mir jene Stellen, die von einem breken etc. der Gewere (durch Urtheil) handeln, zunächst auszusprechen. Gewere bedeutet also auch in ihnen zunächst wieder Besitz.

Das muß als ganz unzweifelhaft gelten für solche Quellen, die durch richterliches Urtheil sogar Besitz entstehen lassen, da der Natur der Sache nach auf den neuen Erwerber Besitz nur übergehen kann, wenn der Besitz des bisherigen Besitzers aufgehört hat.

Ich denke es wird diese Erklärung aber auch für solche Quellen zuzulassen sein, die zwar von einem Darben, aber noch nicht von einem Erwerben der Gewere durch Richterspruch wissen.

2. Gewere bedeutet aber auch möglicherweise wieder dingliches Recht. Nämlich in denjenigen Stellen (aber auch nur in denjenigen Stellen), welche von dem Falle handeln, wo der Besitzer wirklich dinglich Berechtigter war, aber durch das Urtheil seines dinglichen Rechts verlustig geht. Und zwar möchte für diese Fälle die Doppelbedeutung Besitz genauer so zu bestimmen sein, daß gewere bedeutet: Besitz und dadurch dingliche Berechtigung. Denn ich denke, daß das deutsche Recht auch hier nicht das Urtheil an sich, sondern die Entziehung des Besitzes (ursprünglich wohl die reelle, später die ideelle) als den Beendigungsgrund des dinglichen Rechts betrachtete.

Kapitel II.

Von der Gewere an Rechten.

---

§. 8.

Die Gewere an Rechten ist Besitz und dingliches Recht.

Wie die Gewere an Sachen sowohl thatsächliche als rechtliche Herrschaft ist, so auch die Gewere an Rechten; anch sie ist zunächst Besitz, sie ist aber nicht minder dingliche Berechtigung. Dieses zu zeigen, ist die Aufgabe des gegenwärtigen §.

I. Die Gewere an Rechten, so behaupten wir, ist zunächst Besitz.

Wer freilich den Besitz von Sachen sich nur denken mag als eigene Innehabung der Sache selbst, für den müßte es sehr auffallend sein, wenn sich das deutsche Recht für Rechte von jener beschränkten Bedeutung des Besitzes emancipirt hätte.

Für uns aber, die wir oben die gewöhnliche Beschränkung des Besitzes an Sachen auf körperliches Haben und Halten ausführlich bekämpft haben, kann die Möglichkeit eines Besitzes an Rechten nicht erst einer besondern Rechtfertigung bedürfen.

Daß aber diese Möglichkeit im deutschen Rechte auch zur Wirklichkeit geworden ist, das ergeben die folgenden Momente:

1. nämlich steht es wenigstens für die Rentengewere fest, daß sie zwei Rechte des Besitzes gab, das Beweisrecht und das Pfändungsrecht.

Für jenes finden sich bei Bruns [125]), für dieses bereits bei Albrecht [126]) Belegstellen, die zur Bequemlichkeit des Lesers in der Note beigegeben werden mögen [127]).

2. ergibt sich die Besitzbedeutung der Gewere an Rechten daraus, daß diese Rechte Gegenstand des Lehens sein können, in Verbindung mit dem Satze: Lehen ohne Gewere ist nicht Lehen,

---

[125]) A. a. O. S. 329 ff.

[126]) A. a. O. S. 159, Note 370.

[127]) Die hierher gehörigen Stellen sind folgende:

1. Zeugnisse des Beweisrechts des Rentengläubigers:

Stadtr. v. Hamb. II, 1. — de, de den ervetyns in syner were heft, is nager to beholdene, denne ienich man af to wynnende.

Culm. R. IV, 25. — so sol der man synen tzyns behalden, als her den in der gewere hot an dem erbe.

Magdeb. Fr. II, 1, 4. — ist der zinsforderer mit dem zins in habender were so ist er neher sien were an dem tins to behalten.

Freiberg. Stadt-R. I, 20. — so sal man im (den Zinsgläubiger) teilen, daz he billicher und baz senin rechten erbecins behalde uffen heilgen, wen im imant davor gelykenen muge.

2. Zeugnisse des Pfändungsrechts des Rentengläubigers:

Verm. Sachs.-Sp. II, 2, 6. es mag nymant gepfenden um den hauszins, wenne der, des das haus eigen ist oder sein gelt daruffe hat.

Antiq. leg. Cell. 20 (Pufend. I, app. p. 16). Hevet en man husgelt er mot wol darumme pfenden vor sinen tins, sunder gerichte.

indem der Ausdruck Gewere in diesem Satze unzweifelhaft vom Besitze verstanden werden muß [128]).

3. endlich tritt wenigstens für die Rentengewere die Bedeutung Besitz in einer Reihe von Stellen, die Bruns gesammelt hat, auch ganz direct hervor [129]).

Uebrigens könnte trotz dieser Gründe wenigstens für einen Fall der Gewere an Rechten die Besitzbedeutung zweifelhaft bleiben, ich meine für die Gewere des neuern Satzungsgläubigers.

Denn nach der herrschenden Ansicht über Besitz von Rechten ist dieser nur gegeben durch die dauernde Ausübung des Rechts, die Ausübung des Pfandrechts des neuern Satzungsgläubigers ist aber nur gedenkbar durch den Einen Akt der Veräußerung, sie ist unmöglich eine dauernde, mithin kein Besitz.

Allein so sehr der herrschende Begriff des Besitzes den römisch-canonischen Rechtsquellen angemessen erscheint, so wenig findet er seine Rechtfertigung in den deutschen Quellen. Diese fordern zum Besitz der Rechte nicht die wirkliche Ausübung, sondern nur die Möglichkeit dieser Ausübung [130]), diese ist aber auch für den

---

[128]) Oben, §. 3, S. 106 ff.

[129]) Magdeb. Fr. II, 1, 4 (Note 127).

Urk. d. Herzogs Boleslaus v. Schlesien v. 1252 (bei Tschoppe und Stengel Urk. zur Gsch. d. Städte in Schlesien, Nr. 36). — contulimus — 65 marcas census hereditarii titulo pheodali possidendas — prout alii nobiles pheodales bona sua possident.

Urk. eines Bürgers in Halle v. 1472 (bei Ludewig. reliq. manuscr. V. p. 210). — ich habe sie (die Käufer) sulcher tzinsse in eine geruglíche, nützliche und habende gewer gesetzt.

Urk. d. Gr. Ludwig v. Brandenburg v. 1336 (bei Gerken Cod. diplom. Brandenb. T. III, p. 165). — conferimus — dotalitii nomine 50 frusta denariorum — annuorum redituum in villa R. — cum omnibus juribus, — sicut H. eos dinoscitur possedisse, dantes — W. pro investitore, ut — in redituum corporalem possessionem ducat.

[130]) Dies zeigt sich namentlich in den Grundsätzen über die Erwerbung der Gewere am Zins.

1. Diese erforderte freilich bei der Uebertragung bestehender Zinsrechte eine Beweisung, aber doch auch in diesem Falle nicht die wirkliche Ausübung des Zinsrechts. Das ergibt :

Pfandgläubiger und zwar dauernd gegeben durch und während der Dauer des Besitzes des Verpfänders. Die Anerkennung eines Besitzes des neuern Satzungsgläubigers scheint daher nur eine consequente Anwendung des deutschen Begriffes des Besitzers der Rechte überhaupt, und es fehlt also an jedem Grunde, der juristischen Gewere desselben die Besitzbedeutung zuzusprechen.

Sächs. Lehn-R. 10, §. 3. Svenne en herre sinem manne gut bewisen liet, tohant hevet die man die gewere an deme gude, die des herren was er he't ime gelege. (Diese Stelle erscheint um so beweisender, als der unmittelbar vorangehende §. vom Pfundlehen handelt).

2. Bei der ursprünglichen Bestellung eines Zinsrechts möchte aber sogar nicht einmal die Beweisung erforderlich gewesen sein, denn wie sollte man sich in diesem Falle wohl die Einweisung in den Besitz vorstellen?

Dagegen kann ich freilich nicht mit Bruns a. a. O. S. 332 sogar ein ausdrückliches Zeugniß dafür finden in

Gosl. Stat. 464, 6. dat eck düt egen eder düt gelt, edder wat he an dem heft, hebbe in mine were bracht mit richteren und twen rathmannen.

Denn die Worte m. r. u. t. r. sind nicht nothwendig von gerichtlicher Auflassung ohne Einweisung zu verstehen, ja wenigstens hinsichtlich des Eigens müssen sie sogar auf Auflassung mit nachfolgender Besitzung bezogen werden nach Gosl. Stat. 494, 24, 25 (Abh. 1, §. 1, Note 30).

Vgl. übrigens überhaupt Bruns S. 331 ff.

Haben denn aber die Quellen nicht wenigstens die wirkliche Ausübung des Rechts insofern beachtet, daß sie nur, wo diese vorlag, hebbende Gewere an Rechten annähmen? — Dafür könnte man beim ersten Anblicke geltend machen, daß einzelne Zeugnisse ausdrücklich einer hebbenden Gewere an Rechten gedenken (s. d. Stellen Note 129). Doch aber möchte diese hebbende Gewere bei genauerer Betrachtung nicht als eine besondere Art der Gewere gelten können, da eine Stelle (Brandenb. Urk. Note 129) corporalis possessio durch bloße Beweisung entstehen ließ, diese letztere aber nach dem sächsischen Lehnrechte von der wirklichen Ausübung des Rechts unterschieden werden muß (vgl. diese Note unter Nr. 1).

Gerade darum, weil der Gedanke, daß der körperlichen Innehabung der Sache bei Rechten deren wirkliche Ausübung entspreche, dem deutschen Rechte ganz fremd war, konnte es ohne Inconsequenz Besitz von Rechten und damit diese selbst durch bloße Auflassung übergehen lassen auch schon zu der Zeit, da es den Besitz und damit das Eigenthum der Sache für übertragbar erachtete nur durch Einweisung in die corporalis possessio der Sache.

II. Außer der Bedeutung Besitz hat nun aber auch die juristische Gewere an Rechten die weitere Bedeutung der dinglichen Berechtigung.

Darüber scheinen mir folgende Zeugnisse keinen Zweifel zu lassen:

1. Zwei Stellen über die Rentenberechtigung:
Goslaer Stat. 494, 6 (oben, Note 130).
Schöffenurtheil bei Böhme VI. 214 [131]).

2. Ein Zeugniß der Gewere des neuern Satzungsgläubigers (oben, Einleitung, Note 5).

Uebrigens gilt, wie mir scheint, auch für die Gewere an Rechten eben das, was früher für die an Sachen ausgeführt wurde. Ihre ursprüngliche Bedeutung ist nur die des Besitzes. Die Bedeutung dingliche Berechtigung dagegen muß als eine abgeleitete gelten, entweder:

1. so, daß die Bedeutung dingliches Recht sich nur anknüpft an die Bedeutung Besitz [132]).

Dies erklärt sich daraus, daß der Besitz von Rechten, so wie er erst die Dinglichkeit des Rechts in abstracto ermöglichte, so auch Bedingung für deren Dasein in concreto war.

2. so, daß die Bedeutung dingliches Recht als selbstständige erscheint [133]). Darum weil es auch bei Gerechtsamen nahe lag, für den Fall, daß Besitz und Recht in einer Person verbunden waren, die Bezeichnung des erstern auch für das letztere zu gebrauchen [134]).

---

[131]) Verkauft ein man ein erbe und vorreicht das vor gericht und vorswiget deme kaufmanne des jerlichin zinses, der uf dem erbe stet, so sol der man sinen zins behalden, als er den in gewere hat in dem erbe.

[132]) So in den Gosl. Stat. 494, 6.

[133]) So in dem Schöffenurtheil bei Böhme und der Stelle über Gewere des neuen Satzungsgläubigers.

[134]) Schließlich mag hier noch angemerkt werden, daß das deutsche Recht die Gewere an Rechten bald bezeichnet als Gewere an dem Gegen-

Ergebnisse.

Es bleibt nur noch übrig, das Ergebniß unserer Erörterungen in folgende Sätze zusammenzufassen:

1. Gewere ist sachliche Herrschaft, sowohl thatsächliche, als rechtliche, sowohl Besitz, als dingliches Recht.

2. Gegenstand der Gewere in dem einen wie dem andern Sinne ist zunächst die Sache selbst, dann aber nicht minder bloße Rechte an der Sache oder über Personen vermöge eines Verhältnisses zu der Sache.

3. Die Gewere als Besitz beschränkt das deutsche Recht bei Immobilien keineswegs auf die körperliche Innehabung. Besitz ist ihm überall gegeben, wo die thatsächliche Möglichkeit ausschließlicher Beherrschung der Sache vorliegt, daher auch durch Stellvertretung, Auflassung und gerichtliches Urtheil. Noch mehr, es kennt selbst über diese natürliche Gränze des Besitzbegriffes hinaus einen fingirten Besitz durch Erbgang, Lehensvormundschaft, widerrechtliche Entsetzung. Bei Mobilien dagegen ist dem deutschen Recht natürlicher Besitz allerdings nur gegeben durch wirkliches Haben und Halten der Sache, während die Fiction des Besitzes im Falle des Erbgangs und der widerrechtlichen Entsetzung wohl auch für Mobilien nutzbar gemacht scheint.

4. Der Besitz in seiner reellen oder ideellen Gestaltung hat freilich nach deutschem Recht wenigstens ursprünglich nicht die umfassende possessorische Bedeutung, wie im römischen. Dafür bildet er aber ganz eigentlich die Grundlage des dinglichen Rechts, das dingliche Recht ist durchweg nur ein Ausfluß

---

stande des Rechts, bald an der Sache selbst. Wie mir scheint, nicht unpassend, sofern die Gewere an Sachen bei aller Verschiedenheit von der Gewere an Rechten im Einzelnen, doch die allgemeine Eigenschaft, sachliche Herrschaft zu sein, mit dieser theilt. Vgl. übrigens auch Bruns a. a. O. S. 331.

wahren oder fingirten, noch gegenwärtigen oder wenigstens früher vorhandenen Besitzes.

Daher kennt das deutsche Recht dingliche Berechtigung nur an Gegenständen des Besitzes, daher wird kein dingliches Recht erworben ohne Besitz, und daher geht es verloren durch Aufgabe des Besitzes.

Dritte Abhandlung.

Ueber die Rechte des nächsten Erben bei Verfügungen über das Grundeigenthum nach älterm deutschem Sachenrechte.

Einleitung.

Die Frage von der Berechtigung des nächsten Erben bezüglich der Verfügung über das Grundeigenthum nach älterem deutschem Sachenrechte hat in neueren Zeiten ein eigenthümliches Interesse erhalten durch den Angriff, den Beseler [1]) in seinem Werke über Erbverträge auf die herrschende Lehre gemacht hat.

Noch zu Ende der zwanziger Jahre war diese gelegentlich von Hasse [2]), wie Beseler selber anerkennt, „mit Beifall" vertreten worden; auch der Vater der deutschen Rechtsgeschichte, K. Fr. Eichhorn [3]), hatte von jeher gelehrt, daß die Verfügung über das Grundeigenthum (gewisse Ausnahmsfälle abgerechnet) schon in den frühsten Zeiten des deutschen Volkes durch den Urlaub des Erben bedingt gewesen sei, als plötzlich Beseler mit der Behauptung auftrat, die Beschränkungen der Verfügung über das Grundeigenthum, die wir in den Rechtsbüchern, insbesondere auch dem sächsischen Landrechte finden, hätten sich nur nach und nach gebildet und seien vollendet erst gegen die Mitte des 11. Jahrh., wo sie in den Urkunden mit Bestimmtheit hervorträten.

---

1) Erbverträge Bd. 1 (Vergabungen von T. w.), S. 48—68.

2) Im Rhein. Museum Bd. II, S. 179, Note 23.

3) D. St.- u. R.-G. §. 57. 68. 198.

Die neue Ansicht hatte sich nun zwar des Beifalls eines Mannes, wie Albrecht[4]), zu erfreuen, blieb aber doch auf der andern Seite auch nicht ohne Widerspruch.

Höchst laconisch ist die Art und Weise, wie sie von Eichhorn[5]) abgefertigt wurde. „Eine Theorie, bemerkt er in der 5. Ausgabe seiner St.- u. R.-G., welche die in der 4. Ausgabe von mir als das Wahrscheinlichste aufgestellte Untersuchung noch nicht berücksichtigen konnte, hat Beseler, Erbverträge B. I, S. 48 aufgestellt. Da die hier vorgetragenen Grundsätze also nicht widerlegt sind, so kann sie hier füglich bei Seite gesetzt und das Urtheil darüber, wer der Wahrheit am nächsten gekommen, dem Leser überlassen bleiben." Auch Pauli[6]) ist der ältern Ansicht getreu geblieben und in neuester Zeit ist sie überdies von Gerber[7]) in einer speciell gegen die Ausführungen von Beseler gerichteten Abhandlung kräftig in Schutz genommen worden.

Bei dieser Lage der Sache schien es dem Verfasser nicht überflüssig, die durch Beseler angeregte Frage einer wiederholten Prüfung zu unterziehen. Das Ergebniß derselben hat er bereits früher in Form einer Habilitationsschrift[8]) einem kleinern Kreise vorgelegt, nach einer sorgsamen und wie er glaubt, nicht unfruchtbar gebliebenen Revision seines frühern Versuchs erlaubt er sich aber nunmehr, denselben auch der Beurtheilung des größern juristischen Publicums zu unterbreiten.

---

[4]) In seiner Recension von Beseler's Buch (in Richter's und Schneider's krit. Jahrb. für d. R.-W., Jahrg. VI, 4).

[5]) D. St.- u. R.-G. §. 57, Note hh.

[6]) Abh. aus dem lüb. R. Bd. I, 1837, S. 13 ff.

[7]) Meditat. ad locum spec. juris Saxonici I, 52. Erlang. 1847.

[8]) Bemerkungen über das Recht des nächsten Erben bei Verfügungen über das Grundeigenthum nach älterem deutschem Rechte. Gießen 1849.

§. 1.

Die Gründe für Beseler's Ansicht.

Daß die Ansicht, welche für das ältere Recht das Princip der Freiheit der Verfügung aufstellt, eine Reihe der gewichtigsten Gründe für sich hat, ist nicht zu verkennen.

Betrachten wir zunächst die alten Gesetze und zwar hier wieder

I. die der Franken, so scheinen schon zwei Stellen des salischen und ripuarischen Rechts nicht undeutlich für Beseler's Meinung zu sprechen.

Die bekannte Stelle des salischen Gesetzes über Affatomien (oben, erste Abh. §. 1, Note 10) erwähnt mit keinem Worte des Beispruchsrechts der Erben, deutet auch in keiner Weise an, daß die Affatomie nur in Ausnahmsfällen gestattet sein solle.

Aehnlich verhält es sich mit

l. Ripuar. tit. 48. De homine, qui sine heredibus (i. e. filiis) moritur. Si quis procreationem filiorum et filiarum non habuerit, omnem facultatem suam in praesentia regis, sive vir mulieri, vel mulier viro seu cuicunque libet de proximis vel extraneis adoptare in hereditatem vel adfatimi per scripturarum seriem sive per traditionem et testibus adhibitis secundum legem Ripuariam licentiam habeat.

Diese Stelle kennt freilich eine Beschränkung der Vergabung des ganzen Vermögens zum Vortheil der Kinder, von Berechtigungen anderer Erben weiß sie dagegen nichts.

Das Zeugniß beider Stellen bestätigt sodann das Cap. I, Ludovici Pii a. 819, c. 6 (oben, erste Abh. §. 1, Note 12), die Hauptstelle über Vergabungen. Auch sie erwähnt nicht mit einem Worte des Rechts der Erben, ohne irgend anzudeuten, daß sie bloß gewisse Ausnahmsfälle im Auge habe.

Nun könnte man freilich meinen, alle diese Stellen hätten die Rechte der Erben oder die Ausnahmsfälle, in denen dieselben wegfielen, als bekannt vorausgesetzt und nur einfach die Form der Vergabung näher regeln (l. Sal. cit. Cap. Lud. Pii cit.), resp. deren Zulässigkeit in bestimmten, als bekannt gedachten Formen anerkennen wollen (l. Rip. cit.). Nur darum das Schweigen über jene Rechte und deren ausnahmsweises Cessiren.

Allein auch die Wahrheit der ersten Bemerkung vollkommen zugegeben, kann ich mich doch mit dem Schlusse, der daran geknüpft wird, nicht befreunden.

Die Stelle des salischen Gesetzes behandelt die Form und den Beweis der Affatomie mit solcher Ausführlichkeit, daß sich wenigstens eine gelegentliche Erwähnung der Rechte der Erben, wenn solche überhaupt existirten, gleichsam von selbst machen mußte. Deren Nichterwähnung wird daher nur durch deren Nichtdasein erklärt werden können.

Das Ripuarische Gesetz aber sagt ganz kategorisch: Wenn der Ripuarier die gesetzliche Form wahrt, so kann er sein Vermögen geben, wem er will. Und eben so bestimmt sagt das Cap.: die gesetzliche Form vorausgesetzt, soll der Erbe in keiner Weise befugt sein, die Vergabung im Auslande anzufechten. Darf man da wohl die Klausel supponiren: „wenn die Erben consentirten oder ausnahmsweise nicht zu consentiren berechtigt waren?“

Auch ist nicht zu übersehen, daß es nicht etwa eine, sondern daß es drei Stellen sind, in denen sich gleichmäßig nicht die entfernteste Hinweisung auf die Rechte des Erben findet [9]).

---

[9]) Für weniger bedeutsam halte ich dagegen die Schlußworte des Cap. Ludovici Pii cit.

„— — — Et si nondum res suas cum coheredibus suis divisas habuit, non ei hoc sit impedimento, sed coheres eius, si sponte noluerit aut per Comitem aut per missum eius distringatur, ut divisionem cum illo faciat, ad quem defunctus hereditatem suam voluit pervenire. Et si cuilibet ecclesiae eam tradere rogavit, coheres eius iam legem cum illa ecclesia

Als ein weiteres Zeugniß für Beseler's Ansicht ist anzusehen

II. l. Anglior. et Verinor. 13 (de potestate testandi).

Libero homini liceat hereditatem suam cui voluerit tradere.

Diese Stelle sagt wieder in möglichst kategorischem Tone: Jeder freie Mann dürfe über sein Gut frei verfügen, ohne irgend einer Beschränkung durch Rechte der Erben zu gedenken. Darf man etwa auch hier wieder sagen: sie setze eben diese Beschränkung als bekannt voraus? Ich wenigstens halte eine solche Supposition für durchaus unnatürlich [10]).

III. Noch entscheidender für die richtige Meinung scheinen folgende Stellen des Gesetzes der Burgunder:

---

de praedicta hereditate habeat, quam cum alio coherede suo habere debeat etc.«

Aus denselben geht freilich hervor, daß die Abtheilung mit dem Erben eine Bedingung der Veräußerung war, aber doch keineswegs, daß sie die einzige war.

Eben dies gilt von:

l. Alem. tit. 88: Si qui fratres post mortem patris eorum aliquanti fuerint, dividant portionem patris eorum. Dum hoc non fuerit factum, nullus rem suam dissipare faciat, usque dum aequaliter partiant,

wenn man nur unter dissipare nicht an ein eigentliches Verschleudern der Erbschaft denkt.

Vergl. übrigens Beseler a. a. O. S. 53.

[10]) Gerber l. c. p. 8, Note 19 glaubt freilich diese Stelle dadurch beseitigen zu können, daß er auf die Worte libero homini und cui voluerit besondern Nachdruck legt.

»Haud dubio«, sagt er, »principalia sunt verba »»cui voluerit«« quae si conjungo cum verbis, »»libero homini««, magnam speciem veritatis mihi habere videtur interpretatio, quae locum significare docet jura liberorum, opposita oneribus servorum, qui res suas non „„cui volebant««, sed tantum iis vendere poterant, qui intra eosdem fines et pari conditione vivebant.«

Allein, darf man fragen, konnte ein so selbstverständlicher Satz, wie der, daß der Freie hinsichtlich seines Gutes nicht den Beschränkungen eines Unfreien unterworfen sei, erst noch einer besondern gesetzlichen Anerkennung bedürfen?

l. Burg. I, 1. Quia nihil de praestita patribus donandi licentia vel munificentia, dominantium legibus fuerat constitutum, praesenti constitutione omnium uno voto et voluntate decrevimus, ut patri, etiam antequam dividat, de communi facultate et de labore suo cuilibet donare liceat absque terra sortis titulo adquisita de qua prioris legis ordo servabitur.

l. Burg. 24, 1. Si quis Burgundio filios habet, tradita filiis portiones, de eo, quod sibi reservavit, donare aut vendere, cui voluerit, habeat liberam potestatem.

l. Burg. 51, 1. Qamlibet haec in populo nostro fuerint observata, ut pater cum filiis propriam substantiam aequo jure divideret; tamen emissa jam pridem lege custodiri huiusmodi ordinem jussimus et patrum utilitatibus consulentes adjecimus, ut ex eo, quod in portione patris veniebat, faciendi, quod voluisset, haberet liberam potestatem. Sed quia in nostra nuper disceptatione praeclaruit, Athilam quendam et antiquae constitutionis seriem praeterisse et saluberrimae legis praeceptionibus resultasse nec debitam tradidisse filio portionem et ita facultatem suam per inlicitos scripturarum titulos ad alios transtulisse personas: ne quisquam improbum huiusmodi sequeretur exemplum quod contra legem fecerat, ex lege jussimus non valere omnemque eius substantiam filio addiximus possidendam. Judicium quoque nostrum ut praesumtoris inobedientiam resecavit, ita inditam legibus generalis praecepti justitiam retinebit. Idcirco salvo eo, quod in huiusmodi negotiis promulgata dudum lege praecepimus, quisque patrum filiis competentes substantiae non tradiderit portiones, nihil in contrarium per scripturam in praejudicium faciat filiorum: aut si fecerit nullius poterit esse momenti.

l. Burg. tit. 84, 1. Quia cognovimus, Burgundiones

sortes suas nimia facilitate distrahere hoc praesenti lege credidimus statuendum, ut nulli vendere terram suam liceat, nisi illi, qui alio loco sortem aut possessiones habet.

Beim ersten Anblicke könnte man freilich geneigt sein, diese Stellen sogar gegen Beseler zu benutzen, weil zwei derselben die Veräußerung von Erbgütern, sortes — natürlich im Interesse der Erben ausdrücklich untersagten [11]).

Allein bei genauerer Betrachtung möchte sich dieses Raisonnement nicht als stichhaltig bewähren.

Sortes sind nicht Erbgüter, sondern die den Burgundern bei der Theilung des Landes zugefallenen Güterstücke; das ergibt die Vergleichung anderer Stellen [12]).

Die Beschränkung ihrer Veräußerung aber erklärt sich offenbar aus Rücksichten des Staats- nicht des Familienwohls. Denn wenigstens das Verbot des tit. 84, 1 lautet ganz ausnahmslos; es wird in keiner Weise angedeutet, daß der Zuspruch der Erben die Veräußerung gültig zu machen vermocht hätte. Und daher haben wir wohl auch schon die ältere Bestimmung (1, 1) jenen Gesetzen zu vergleichen, durch die einige hundert Jahre später Lothar II. und Friedrich I. die Veräußerung der Lehen beschränkt haben [13]).

Dies vorausgeschickt dürfen nun aber unsere Stellen allerdings als Zeugnisse für Beseler's Meinung angesehen werden. Das Ergebniß einer vergleichenden Betrachtung derselben ist nämlich folgendes:

---

[11]) Eichhorn D. St.- u. R.-G. §. 57 (S. 332).

[12]) Z. B. schon der folgenden §§. des Tit. 84.

2. Hoc etiam interdictum, ut quisque habens alibi terram, vendendi necessitatem habet, in comparando, quam Burgundio venalam habet, nullus extraneus hospiti praeponatur nec extraneo per quodlibet argumentum terram liceat comparare.

3. Observandum tamen, ut de illo ipse hospes suus comparet, quem alibi terram habere constiterit.

[13]) II, F. 52 u. 55.

Das alte Burgunderrecht hatte allerdings dem Vater die Verfügung über sein Vermögen vor der Theilung mit seinen Söhnen untersagt. Das sagen tit. 24, 5 und 51, 1 ausdrücklich. Schon die letztere Stelle beweist aber auch, wie wenig man später geneigt war, die alte Sitte zu achten. Denn sie ist selbst ein Versuch, dem alten Rechte gegen neuere Freiheitsbestrebungen eine legislative Stütze zu gewähren. Daß dieser Versuch erfolglos blieb, beweist ein neueres Gesetz 1, 1 [14]), das dem Vater ausdrücklich das Recht zugestehen mußte, auch vor der Theilung mit den Kindern über sein Gut frei zu verfügen.

Wenn nun aber die neuere Burgundersitte selbst das Recht der Kinder so wenig wahrte, wie gering mag ihre Rücksicht auf andere Erben gewesen sein, selbst wenn das ältere Recht eine solche Rücksicht überhaupt gekannt haben sollte.

IV. Endlich scheinen auch die Longobarden von einem Beispruchsrecht der Erben nichts gewußt zu haben.

Zwar sollte den Kindern das Erbe der Eltern und umgekehrt den Eltern das Erbe der Kinder nur entzogen werden können, wenn sie sich durch besondere Gründe desselben unwürdig gemacht hatten.

l. Rothar. 168. Nulli liceat sine certa culpa filium suum exheredare, nec quod ei debetur per legem alii thingare [15]).

l. Rothar. 170. Item sicut nec patri licitum est sine justa causa aut culpa filios suos exheredare, ita nec filiis liceat vivo patre cuicunque res suas thingare aut per quemlibet titulum alienare nisi filios forte aut filias legitimas, aut filios naturales dimiserit, ut ipsis secundum legem conservet.

Für andere Verwandte war dagegen eine solche Beschränkung nicht anerkannt. Dies ergibt sich mit Bestimmtheit

---

[14]) I, 1 scheint freilich seiner Titelzahl nach älter als 24, 5 und 51, 1. Nach dem ganzen Zusammenhang der Gesetzgebung muß es aber offenbar als jünger angesehen werden.

[15]) Die einzelnen Exheredationsgründe gibt an l. Roth. 169.

aus einer andern Stelle, auf welche schon Beseler [16]) aufmerksam gemacht hat, nämlich

l. Roth. 365. Si quis alii wadiam et fidejussorem de sacramento dederit, omne quod per wadiam et fidejussorem obligavit, adimpleat et ille qui pulsat et wadiam suscepit, proximiores sacramentales, qui nascendo sunt, debeat nominare tantum. Excepto illo, qui gravem inimicitiam cum ipso, qui pulsatur, commissam habet i. e. si ei plagam fecerit, aut in morte eius consenserit, aut res suas alio thingaverit, ipse non potest esse sacramentalis, quamvis proximus sit, eo quod inimicus et extraneus esse invenitur.

„Demjenigen, welcher einen Eid mit Eideshelfern schwören sollte, durften nicht solche Verwandte dazu ausgewählt werden, die einem Fremden ihr Vermögen durch Thinx zugewandt hatten: das erschien als Zeichen der Feindschaft. Daraus ergibt sich, daß den Verwandten kein Mittel gegeben war, die Vergabung des Vermögens v. T. w. an einen Fremden zu verhindern [17]).“

---

[16]) A. a. O. S. 120. 121.

[17]) Daß die Lombarden auch bei onerosen Veräußerungen kein Beispruchsrecht der Verwandten kannten, ergibt sich schon aus den Grundsätzen über Vergabungen v. T. w. Sogar ein ausdrückliches Zeugniß dafür erblickt aber Kraut, Vormundsch. Bd. II, S. 448, Note 2 in

l. Liutpr. 22 (4, 4). Si qua mulier res suas consentiente marito suo communiter venumdare voluerit, ipse qui emere vult, vel illi qui vendunt, faciant notitiam ad duos vel tres parentes ipsius mulieris, qui propinquiores sunt : et si in praesentia de ipsis parentibus suis mulier illa violentiam ac pati dixerit, non sit stabile, quod vendiderit. Nam si in praesentia ipsorum suorum parentum vel judicis, qui in loco praefuerit, mulier violentiam se pati non reclamaverit, nisi sua voluntate ipsas res se dixerit venundare, tunc ab illo die omni tempore, quod vendiderit, stabile debeat permanere.

In diesem Gesetze Liutprands wird verordnet, bei Veräußerungen von Frauengut durch den Ehemann mit Einwilligung seiner Frau solle die Freiheit der Zustimmung der Frau durch die Zuziehung der Verwandten und aushülfsweise des Richters erfolgen.

„Hätten, meint nun Kraut, die nächsten Erben ein Anfechtungsrecht gehabt, so würde die darin enthaltene Verordnung gar nicht nöthig ge-

§. 2.

Die Gründe für Beseler's Ansicht. Fortsetzung.

Diese Zeugnisse der Gesetze, zumal der fränkischen, bestätigen die alten formulae.

In den alten Formelsammlungen wird der ausdrücklichen Einwilligung der Erben nirgends gedacht, es werden vielmehr in einer Formel die Erben ausdrücklich ausgeschlossen [18]) und es ist fast die Regel, daß man ihnen, wenn sie eine Veräußerung anfechten würden, mit Geldstrafe droht. Daß durch solche einseitige Androhungen kein gutes Recht genommen werden konnte, war jener einfachen Zeit ebenso einleuchtend, als der jetzigen, aber zum Schutze des Erwerbers vor einem Rechtsstreite und oft schwierigem Beweise mußten sie von großer Wirkung sein. Und eben als Sicherung gewährend, nicht als nothwendig zur Stätigkeit der Veräußerung stellen sich diese Versuche, die Erben abzuschrecken, dar.

Form. Baluv. 29 : „licet vero in cessionibus minime est necesse poenam inserere, sed tamen pro rei totius firmitate mihi complacuit intimare etc. [19]).

---

wesen sein, da ja dann die Blutsfreunde der Frau ohnehin hätten zugezogen werden müssen und auf keinen Fall hätte der Richter ihre Stelle vertreten können."

Bei diesem Raisonnement scheint mir aber außer Acht gelassen, daß nach lombardischem Rechte der Mann als Vormund der Frau vor den Verwandten der Frau (ob auch vor den Kindern?) zu der Erbschaft der Frau gerufen war.

Denn diese Erbberechtigung (die besonders von Kraut Vormundsch. Bd. I, S. 390 ff. nachgewiesen worden ist) vorausgesetzt, erklärt sich der Umstand, daß die Verwandten nicht als Erben zugezogen zu werden brauchten und durch den Richter ersetzt werden konnten, einfach daraus, daß sie niemals die nächsten Erben waren, und fallen demnach auch die Schlüsse weg, die Kraut aus jenem Umstande zieht

[18]) Form. Marc. II, 3 — absque heredum expectata traditione.

[19]) Beseler a. a. O. S. 51. 52.

Man hat es freilich nicht an Versuchen fehlen lassen, die Beweiskraft des Arguments zu entkräften, ich halte aber alle diese Versuche für nicht befriedigend.

So hat schon Hesse [20]) gemeint, die Formeln und Urkunden enthielten ja auch sonst nicht alles Relevante. Indessen wird man dagegen einwenden dürfen, daß, wenn in den Veräußerungsurkunden Etwas zu constatiren war, dies gerade die Einwilligung der Erben sein mußte und daß es daher unbegreiflich wäre, wenn diese so durchgreifend mit Stillschweigen übergangen würde.

Das Gewicht dieses Einwands hat denn auch Eichhorn [21]) sehr wohl anerkannt, er hat daher mit vieler Feinheit nachzuweisen gesucht, daß gerade in der gänzlichen Nichterwähnung der Erben ein Zeugniß ihrer stillschweigenden Einwilligung liege.

Er argumentirt nämlich also:

„Nach der Rechtsgewohnheit der späteren Zeit hat der Erbe, wenn er bei der Veräußerung gegenwärtig gewesen ist und ihr nicht sofort widersprochen hat, kein Recht, sie späterhin anzufechten. Erwägt man, daß echtes Eigenthum nur in einem Gerichte übertragen werden konnte, welches ein echtes Ding war, in welchem also der Erbe in der Regel anwesend sein mußte, so wurden die Urkunden über jede Veräußerung oder Vergabung aufgesetzt, nachdem die gerichtliche Verhandlung bereits constatirt hatte, daß Niemand der Veräußerung widersprochen hatte. Den Erben konnte also auch die Verpflichtung aufgelegt werden, eine Buße zu bezahlen, wenn sie dennoch späterhin eine Handlung anfechten würden, der sie nicht zu gehöriger Zeit widersprochen hatten. Daß eine solche Urkunde auch hätte aufgesetzt werden können, wenn ein anwesender Erbe widersprochen hätte, erhellt aus keiner Stelle der Urkunden der Gesetze; wohl

---

20) A. a. O.

21) D. St.- u. R.-G. §. 57 (S. 334. 335).

aber sieht man aus Urkunden, daß Erben gegenwärtig waren, ohngeachtet ihrer Einwilligung nicht gedacht, sondern ihnen bloß die Anfechtung untersagt wird, indem sie unter den Zeugen sich befinden. Es ist daher unzulässig, aus dem Verbote gegen die Erben zu schließen, daß sie kein Widerspruchsrecht gehabt hätten, es läßt sich daraus nur folgern, daß sie nicht ausdrücklich einzuwilligen brauchten und dies galt auch noch der spätern Zeit, wo fast keine Veräußerung vorgenommen wird, ohne ihrer Einwilligung zu gedenken."

Es will mir jedoch scheinen, daß diese Deduction in doppelter Hinsicht als unhaltbar angesehen werden müsse.

1. Die Argumentation Eichhorn's beruht auf der Voraussetzung, daß die Veräußerung von Grund und Boden nothwendig im echten Dinge geschah. Nun ist dies freilich, wie wir an anderer Stelle sahen, für das alte Salierrecht zuzugeben, nicht aber für das Recht anderer Völker, z. B. namentlich nicht für das der Lombarden, ja nicht einmal für das neuere Recht der Salier [22]). Da nun unter den Formeln auch viele lombardischen Ursprungs sind, da selbst die (freilich zahlreichsten) salischen wenigstens theilweise erst späteren Zeiten angehören (auch die Marculf's reichen nicht über die 2. Hälfte des 7. Jahrh.), so kann man jene Voraussetzung wenigstens nicht für alle Formeln zugeben und schon darum müssen die Folgesätze negirt werden, die Eichhorn an dieselbe knüpft.

2. aber scheint es so natürlich, daß der Erbe, wenigstens der Regel nach, ausdrücklich consentirte (wenn dies geschah in die Urkunden), resp. unter Voraussetzung dieser Regel in die Formeln eine Notiz darüber Aufnahme fand, daß selbst die Wahrheit von Eichhorn's Vordersatz unbedingt zugegeben, die Schlüsse, die dieser Gelehrte aus jenem zieht, als sehr bedenklich erscheinen müssen.

---

[22]) Vgl. die erste Abh. §. 3 (S. 22 ff.).

Wer darüber noch zweifelhaft sein könnte, den verweise ich auf ein Beispiel aus späterer Zeit.

Für das spätere Sachsenrecht steht das Erforderniß der Gerichtlichkeit drr Auflassung vollständig fest. Dennoch beweisen die Urkunden dieser Zeit, daß der Erbe regelmäßig ausdrücklich consentirte und daß fast niemals die Aufnahme einer Notiz darüber in die Urkunde unterlassen wurde.

Wenn nun aber selbst für die spätere Zeit (der doch gar viel von dem plastischen Geiste der ältern fehlte) die Möglichkeit der stillschweigenden Einwilligung die Regel der ausdrücklichen Einwilligung nicht ausschloß, die wirkliche Vornahme einer ausdrücklichen Einwilligung des Erben aber auch regelmäßig in der Urkunde angemerkt wurde, so kann man doch unmöglich annehmen, daß sich jene Möglichkeit in älterer Zeit so bedeutsam zeigte, daß die ausdrückliche Einwilligung ganz ausnahmslos unterblieb, und daß eben darum auch nicht eine Formel des ausdrücklichen Beispruchs der Erben gedenkt.

Es wird daher — trotz Eichhorn's Ausführung — dabei bleiben müssen, daß auch die Beschaffenheit der Formeln nur erklärlich wird durch die Annahme einer Nichtanerkennung des Einwilligungsrechts des Erben in älterer Zeit [23]).

---

[23]) Dagegen lege ich kein Gewicht auf Stellen wie die folgenden:

Marculfi Form. 14: „— — ut quidquid exinde a die praesente facere volueris, liberam et firmissimam habeas potestatem faciendi."

Lindenbrog 50: „— — in suo iure et dominatione recipere debeat habeatque tenendi, dandi, vendendi, commutandi, heredibusque suis ad possidendum relinquendi liberam in omnibus facultatem."

Meichelb. hist. Frising. Tom. prot. no. 206 (a. 800): „— — — tradidit curtem H. filio et statuit, ut ipse H. potestatem de hoc curte habuisset possidendi vel tradendi ubicunque voluisset."

Denn sie beziehen sich wohl nur auf das Verhältniß des Erwerbers zum Veräußerer.

Vgl. übrigens Beseler a. a. O. S. 53.

§. 3.

Die Gründe für die herrschende Lehre.

So gewichtig indessen auch die Gründe sind, die wir in den vorigen §§. für Beseler's Meinung zusammengestellt haben, so ist doch nicht zu verkennen, daß die herrschende Ansicht, welche umfassende Beschränkungen der Verfügungen zu Gunsten des Erben schon für das ältere Recht behauptet, nicht minder bedeutsame Momente für sich zu haben scheint.

Dahin zähle ich vor Allem schon die Beschaffenheit des spätern Rechts, des deutschen, wie des welschen.

Daß in Deutschland späterhin dem nächsten Erben bei Verfügungen über Grund und Boden ein Beispruchsrecht gebürte, ist ganz unzweifelhaft.

Alle Rechtsbücher des Mittelalters erkennen dasselbe entweder für Eigen überhaupt oder doch für ererbtes Eigen mit dürren Worten an und ihr Zeugniß wird aufs Vollständigste bestätigt durch die Urkunden, welche es niemals versäumen, des erfolgten Beispruchs des Erben ausdrücklich zu erwähnen [24].

Auch hat Beseler selber für die spätere Zeit das Dasein der Rechte, die er für die ältere Zeit negirt, keinen Augenblick in Zweifel gezogen [25].

Mit dem spätern deutschen Rechte stimmt nun aber das spätere französische, das pays de droit coutumier (anders freilich das des pays de droit écrit) vollkommen überein. Die französischen coutumes schließen liberale Verfügungen über propres (d. h. Erbgüter) entweder vollständig aus oder gestatten sie nur hinsichtlich eines s. g. Freitheils, onerose Verfügungen aber be-

---

[24]) Statt der Beibringung einzelner Belegstellen mag in dieser Hinsicht verwiesen werden auf Eichhorn, d. St.- u. R.-G. §. 359 und R. v. Sydow, Darstellung des Erbrechts nach dem Sachsensp. Berlin 1828, §§. 40—44.

[25]) A. a. O. S. 67. 68.

schränken sie durch den s. g. retrait lignager (retractus gentilitius), der nur eine Milderung des eigentlichen Beispruchsrechts des Erben zu sein scheint, das wir noch in den französischen Urkunden des 12. Jahrh. finden[26]).

Und auch in dem spätern longobardischen Rechte finden wir Berechtigungen der Verwandten, welche als Milderung älterer, strengerer Beschränkungen des Eigenthümers aufgefaßt werden zu müssen erscheinen. Ich erinnere nur an die Rechte der Agnaten bei Lehnsveräußerungen [27]) und an das s. g. jus προτιμήσεως, das durch Verordnung Friedrich's I. genauer geregelt wird [28]).

Nimmt man nun an, daß eben diese Rechte schon in älteren Zeiten galten, so wird der Zustand des spätern Rechts sehr natürlich gefunden werden. Theilt man dagegen Beseler's Ansicht, so entsteht die Frage: Ist es denkbar, daß die Deutschen, die in den ältesten Zeiten, abgesehen von einigen freiwilligen Beschränkungen im Interesse der Kinder [die auch Beseler zugibt [29])], die freieste Verfügung über Grund und Boden zuließen, nach einigen Jahrhunderten plötzlich dem gerade entgegengesetzten Princip der Unveräußerlichkeit im Interesse des nächsten Erben huldigten? Diese Frage wird man sicherlich verneinen müssen, weil man sich vergeblich nach einem Grunde umsieht, der eine so tiefgreifende Veränderung zu erklären im Stande wäre, und eben daher scheint nichts Anderes übrig zu bleiben, als die Anerkennung der Rechte der Erben schon für die ältere Zeit.

Beseler [30]) glaubt freilich die Umgestaltung der älteren Verhältnisse, wie er sie auffaßt, in ihren wesentlichen Zügen nach-

---

[26]) Vergl. hierüber Warnkönig, franz. St.- u. R.-G. S. 489 ff. S. 568 ff.

[27]) Eichhorn, Einl. in das d. P.-R. §. 228, §. 229.

[28]) V. F. 13.

[29]) A. a. O. S. 53 ff.

[30]) A. a. O. S. 63 ff.

gewiesen zu haben. Seine Ausführung hat mich jedoch nicht befriedigt.

„Zwei Gründe, sagt er, hätten von jeher die Zuziehung der Verwandten bei Veräußerungen veranlaßt:

1. habe man bezweckt, den Erwerber gegen einen vielleicht lästigen und gefährlichen Rechtsstreit zu sichern, dann aber sei

2. in einer Zeit, wo sich der Verkehr in so engen Gränzen bewegt habe, die Veräußerung von Immobilien eine so wichtige Begebenheit gewesen, daß die innige Verbindung, worin die deutsche Familie gestanden habe, gerade hierbei ein gemeinschaftliches Handeln sehr natürlich erscheinen lasse.

Wenn man nun festhalte, daß die Verwandten zu allen Zeiten bei Auflassungen häufig gegenwärtig gewesen seien, so sei das Mittel gefunden, um das Recht des nächsten Erben in seiner Entwickelung darzulegen. Der erste Anfang dazu sei die Neigung gewesen, den Kindern ihr Erbrecht zu wahren, das ursprünglich durch die Liebe der Eltern genügend geschützt gewesen, späterhin aber durch die häufigen Vergabungen zu frommen Zwecken so bedeutend gefährdet gewesen sei, daß selbst die weltliche Macht sich genöthigt gesehen habe, der Habsucht der Geistlichen Schranken zu setzen. Wenn Kinder gefehlt, hätte es dann leicht geschehen können, daß die nächsten der Sippe aus der ähnlichen Lage ein gleiches Recht herzuleiten gesucht und je häufiger sie an den Auflassungen Theil genommen hätten (sei es nun aus dem ersten oder zweiten der genannten Gründe), um so leichter hätte die Meinung entstehen können, daß ihre Zustimmung eine nothwendige sei."

Zu dieser Ausführung habe ich aber Folgendes zu bemerken: Es ist Beselern zuzugeben

1. daß man die nach den Urkunden nicht ungewöhnliche Mitwirkung der Verwandten, nicht bloß der nächsten Erben,

in der Weise erklären kann, theilweise sogar so erklären muß [31]), wie dies von Beselern geschehen ist.

2. daß, laut dem Zeugnisse der Capitularien [32]), das anfangs auf erstern Motiven [33]) beruhende Streben der Geistlichkeit, die Kirche zu bereichern, nur zu bald in schmutzige Habsucht ausartete, so daß das Einschreiten der weltlichen Macht nothwendig wurde, daß daher (zumal seit die Capitularien ihre Geltung verloren) eine Beschränkung der Verfügung über Grund und Boden als den wichtigsten Theil des Vermögens durch die Sitte zum Bedürfniß ward.

Aber, so wird gewiß Jeder fragen, wie weit konnte diese Beschränkung gehen? Offenbar doch nicht weiter, als das Bedürfniß, das sie erzeugte. Und wie weit ging dieses Bedürfniß? Unzweifelhaft bloß so weit, daß durch liberale Verfügungen unter Lebenden oder von Todes wegen die Kinder und Verwandten nicht des ganzen Erbes beraubt würden. Nicht aber ging es auf Vernichtung des Rechts zu liberalen Verfügungen überhaupt oder gar auf Aufhebung der Befugniß zu oneroser Veräußerung des Grundeigenthums; die Rechte des nächsten Erben in diesem Umfange (die Vernichtung der gesammten Freiheit) läßt sich aus dem Bedürfnisse der Beseitigung eines partiellen Mißbrauchs unmöglich herleiten [34]).

---

[31]) Wenn man erwägt, daß wohl auch in späterer Zeit das Recht des Beispruchs nur dem nächsten Erben gebürte.

[32]) Beseler a. a. O. S. 57 ff. Die hier mit angezogene l. Saxon. 15 gehört freilich nicht hierher, wie wir in dem folgenden §. sehen werden.

[33]) „Es ist gewiß eine höchst einseitige Auffassung, wenn man sich die Geistlichen allein außer ihrer Zeit gestellt denkt und ihnen bloß Habsucht und Heuchelei aufbürdet, statt anzunehmen, daß auch sie fromme Gaben für eine dem Seelenheile des Schenkers nützliche, ja nothwendige Handlung gehalten.“ Beseler a. a. O. S. 55.

[34]) Gegen diese Deduction wende man auch nicht ein, daß wenigstens für das Gebiet des Dienst- und Lehnrechts die Rechte der Erben entschieden erst ein Erzeugniß späterer Zeiten seien. v. Fürth, die Ministerialen, Kölln 1836, S. 373 ff. Homeyer, Sachsen-Sp. II, 2, S.

§. 4.

Die Gründe für die herrschende Meinung. Fortsetzung.

Der Schluß, welchen wir aus dem spätern Rechtszustande ziehen zu müssen geglaubt haben, wird nun aber auch durch ausdrückliche Zeugnisse der alten Volksrechte bestätigt.

Manche Stellen, die man hierher gezogen hat, sagen freilich nicht das, was man in ihnen hat finden wollen [35]).

Als vollbeweisend müssen dagegen nach meiner Meinung allerdings folgende Zeugnisse gelten:

---

437 ff. Denn diese Erscheinung erklärt sich daraus, daß das Recht des Herrn, wie es noch in späterer Zeit die Verfügung des Dienst- und Lehnsmanns über sein Dienst- und Lehngut in eigenthümlicher Weise beschränkte, so in früherer Zeit umgekehrt die Gränzen des Veräußerungsrechts des Mannes zu erweitern vermochte.

[35]) Spuren von dem Dasein der Rechte der nächsten Erben, schon nach älterm deutschem Rechte, hat man namentlich finden wollen in den beiden Gesetzen der Franken über Affatomie.

Die Stelle des salischen Gesetzes l. Salica tit. 46 (vgl. zur ersten Abh. §. 1, Note 10) schien nach unsern älteren Ausgaben dem Salmann die Vergabung an den eigentlich Begabten erst nach Ablauf eines Jahres aufzugeben. Diese Bestimmung, behauptete man nun, unter Berufung auf die Analogie der bekannten Grundsätze des Sächsischen Landrechts I, 34, §. 2 (vgl. die zweite Abhandlung §. 5, S. 136) über das aufgetragene Lehen, habe den Zweck gehabt, den Salmann und durch diesen den Begabten gegen die Ansprüche des nächsten Erben zu sichern, das Dasein der letztern werde mithin durch das salische Gesetz unverkennbar vorausgesetzt. So selbst Eichhorn, d. St.- u. R.-G. §. 57, Note cc und noch neuerlich Schäffner, Gesch. der Rs.- Verf. Frankreichs Bd. I, S. 77. Diese ganze Deduction scheitert aber an dem Umstande, daß nach den neueren Untersuchungen des Textes der lex der Salmann verbunden ist, das Gut nicht nach, sondern vor 12 Monaten an den Begabten weiter zu übertragen. Waitz, das alte R. der sal. Franken. Kiel 1846, S. 149.

Was sodann den Tit. 48 des Ripuarischen Rechts (vgl. diese Abh. §. 1, S. 167) angeht, so wollte Hasse eine Hinweisung auf das Beispruchsrecht des Erben in den Worten „secundum legem Ripuariam" finden. Bedarf aber eine solche Willkürlichkeit erst noch einer besondern Widerlegung?

I. l. Ripuar. tit. 49 de adfatimire. Quod si adfatimus fuerit inter virum et mulierem post discessum amborum ad legitimos heredes revertatur, nisi tantum, qui parem suum superviverit, in eleemosyna vel in sua necessitate expenderit.

Die Stelle gibt offenbar keine bloße Auslegungsregel [36]), sie untersagt eine Affatomie, die dem Gatten mehr als Leibzuchtsrecht gibt.

Woher nun auf einmal diese Beschränkung, offenbar im Interesse der Erben, wenn die Ripuarier sonst überall dem Princip der Freiheit der Verfügung über Grund und Boden huldigten [37])?

Ein ähnliches Raisonnement gilt

II. für l. Baiuvar. XIV, 9, §. 3. Si nec filias, nec ullum de propinquis habet, sed in uxorem aut donatione aut testamento sive partem, sive omnem contulerit facultates et haec deinceps in viduitate persistit omnia quae a marito ei sunt donata possideat et ea, in quem voluerit, pro suo jure transfundat.

Nach dieser Stelle galten bei den Baiern Vergabungen unter Mann und Frau als zulässig nur in Ermangelung aller andern Erben. Wenigstens bei der Vergabung an den Gatten fehlte also keineswegs die Rücksicht auf die Erben. Warum aber annehmen, daß der Erbe andern Personen gegenüber geringere Beachtung gefunden habe?

---

[36]) Die Ansicht von Griesinger in der Fortſ. von Dantz Commentar zu Runde Bd. X, S. 104 ff. Er beruft sich auf ein Paar Formeln Marculf's, die aber nur beweisen, daß sich die fränkische Rechtssitte frühzeitig von der Beschränkung des Ripuarischen Gesetzes zu emancipiren suchte.

[37]) So mit Recht schon Eichhorn, d. St.- u. R.-G. §. 57, Note w, dem aber nicht beizustimmen ist, wenn er den unserm Tit. 49 vorangehenden, oben §. 1 besprochenen Tit. 48 mit jenem so zu vereinen sucht, daß er auch die Affatomie an Nichtehegatten als Vergabung bloß zu Leibzuchtsrecht auffaßt. Gegen diese Art der Vereinigung der beiden Stellen spricht nämlich offenbar der Umstand, daß die hier in Rede stehende Stelle diese beschränkte Wirkung so deutlich, als möglich, nur dem affatomius inter virum et uxorem beilegt.

Zumal da für das Gegentheil angeführt werden darf :

III. l. Bajuvar. I, 1. Ut si quis liber persona voluerit et dederit res suas ad ecclesiam pro redemtione animae suae, licentiam habeat de portione sua, postquam cum filiis partivit. Nullus eum prohibeat, nec Rex, nec Dux, nec ulla persona habeat potestatem prohibendi ei — — et postea (sc. post solennem rerum traditionem) nullum potestatem habeat exinde, nec ipse, nec posteri eius.

Die „ulla persona," der neben dem comes und dux verboten wird, Vergabungen an die Kirche zu widersprechen, kann kaum Jemand anders sein, als der heres, dessen die Stelle nachher ausdrücklich gedenkt. Wird aber dem Erben die Anfechtung einer besondern Art von Vergabung ausdrücklich untersagt, so darf man wohl argumento a contrario annehmen, daß er der Regel nach allerdings widerspruchsberechtigt war.

IV. l. Alemannor. I, 1, 2. Si quis liber res suas vel semetipsum ad ecclesiam tradere voluerit, nullus habeat licentiam contradicere ei non dux, non comes nec ulla persona — et proprietas de ipsis rebus ad ipsam ecclesiam in perpetuum permaneat. Et si aliqua persona aut ipse qui dedit vel aliquis de heredibus eius, postea ipsas res de Ecclesia abstrahere voluerit, vel aliquis homo qualiscunque persona hoc praesumpserit et effectum, quem inchoavit non obtineat, et Dei judicium incurrat et excommunicationem sanctae Ecclesiae et multam illam, quam charta continet, persolvat et res illas ex integro reddat et fredum in publico solvat, sicut lex habet.

Für die Stelle gilt offenbar Alles für die lex Bajuv. I, 1 Bemerkte. Es verdient daher nur noch erwähnt zu werden, daß dieselbe zu den Revocationslustigen ausdrücklich den heres zählt, mithin unsere Erklärung des Ausdrucks ulla persona im bairischen Gesetze nur bestätigt.

V. l. Saxon. 15. Traditiones et venditiones legitimae stabiles permaneant. Nulli liceat traditionem hereditatis suae facere, praeter ad ecclesiam vel regi; ut (Tilius und Lindenbrog : nec) heredem suum exheredem faciat, nisi forte famis necessitate coactus, ut ab illo, qui hoc acceperit sustentetur. Mancipia liceat illi dare ac vendere.

Beseler [38]) hält die Worte „praeter ad ecclesiam vel regi" „unbedenklich" für einen Zusatz, welcher der ersten Redaction fremd gewesen sei, und sieht daher in jener Stelle nur eine jener Verordnungen, durch welche die Karolinger der Habsucht der Kirche Gränzen zu setzen suchten. Nur gegen die Kirche, meint er, habe damals jene Beschränkung der Vergabung gerichtet werden können, aber die Kirche habe gestrebt, sich davon frei zu machen und den König zu ihrer eigenen Sicherheit in ihr Interesse zu ziehen.

Dagegen ist aber zu erinnern :

1. daß die hier in Rede stehende Stelle des sächsischen Volksrechts viel weiter geht, als die einschlagenden Capitularien Karl's des Großen, die nur von zum Nachtheile der Kinder erschlichenen Gaben handeln [39]), und

2. daß die Annahme einer Bestimmung, wie die von Beseler behauptete in der lex Saxonum, offenbar mit allen Zeugnissen der Geschichte über die Fortschritte des Christenthums bei den Sachsen in den Zeiten Karl's des Großen in Widerspruch geräth.

Ganz recht bemerkt daher Gerber gegen Beseler : Non

---

[38]) A. a. O. S. 59.

[39]) Ueber die Gesetze, durch welche die Karolinger der Habsucht der Kirche zu steuern suchten, hat sich Beseler a. a. O. S. 56, S. 59 ff. ausführlicher verbreitet. Es darf mithin statt einer genauern Begründung des im Texte Gesagten auf unsers Gegners eigene Ausführung verwiesen werden.

satis cogitasse videtur vir doctus, cui auctori lex Saxonum debeat originem [40]).

Also das kann nicht zweifelhaft sein, daß wir es hier nicht mit einer fränkischen Verordnung gegen die Kirche, sondern gerade umgekehrt mit einer Modification des sächsischen Nationalrechts zu Gunsten der Kirche (und des Königs) zu thun haben.

Indessen wäre damit noch wenig bewiesen, wenn man die Stelle im Uebrigen so enge nehmen dürfte, wie Beseler, der darin nur ein Verbot völliger Enterbung zu Gunsten der Descendenten sieht. Hierzu sind wir aber auch in keiner Weise berechtigt.

Denn es ist klar:

1. daß der Ausdruck „hereditas" auch hier nicht nothwendig den ganzen Nachlaß, sondern ein einzelnes Gut bezeichnen kann, demgemäß aber auch die Worte „exheredem facere" nicht von einer völligen Enterbung verstanden zu werden brauchen, sondern heißen können: „Jemanden seines Erbes, d. i. Erbguts berauben." Und diese Auslegung wird fast unumgänglich, weil die Stelle sonst zu Gunsten des Königs und der Kirche eine völlige Enterbung zulassen würde, während doch die fränkischen Herrscher, wie Beseler selber bewiesen hat, sonst überall darauf hinwirkten, daß auch bei Vergabungen für fromme Zwecke ein gewisses Maaß gehalten wurde [41]).

Für willkürlich muß ich es aber jedenfalls erachten, wenn Beseler

2. den Ausdruck heredes in unserer Stelle nur von Descendenten verstehen will. Wo eine Beschränkung allgemeiner Ausdrücke nicht durch besondere Umstände geboten ist, da kann sie auch nicht gestattet werden. In concreto nöthigen nun aber

[40]) l. c. p. 6, Note 12.
[41]) A. a. O.

wirklich die Umstände zu keiner Beschränkung; ja eine Stelle, die gleich näher besprochen wird, indem sie in einer andern Hinsicht ganz allgemein des nächsten Verwandten (nicht bloß des Descendenten) gedenkt, bietet sogar ein specielles Argument gegen die enge Erklärung des Ausdrucks heredes.

Es ist somit dargethan, daß unser tit. 15 allerdings für das sächsische Recht den Satz beweist, daß Schenkungen (traditiones) ohne Genehmigung der Erben (nicht bloß der Kinder) unzulässig waren. Daß nun aber ähnliche Grundsätze auch für onerose Veräußerungen galten, scheint mir zu beweisen:

VI. l. Saxon. tit. 17. Liber homo qui sub tutela nobilis cuiuslibet erat, qui jam in exilium missus est, si hereditatem suam necessitate coactus vendere voluerit, offerat eam primo proximo suo; si ille emere noluerit, offerat tutori suo, vel ei, qui tunc a rege super ipsas res constitutus est. Si nec ille voluerit, vendet eam, cuicunque voluerit.

Beseler [42]) freilich glaubt die Beweiskraft dieser Stelle durch folgende Erklärung entkräften zu können. Der Verbannte, meint er, ist nicht der tutor, sondern der Eigenthümer des Grundstücks, der Verbannte also war beschränkt in der Veräußerung des Grundstücks. „Aus der Gemeinde ausgeschlossen konnte er nicht als vollberechtigt erscheinen, sein Gut wurde durch einen Pfleger verwaltet und nur im Falle der Noth durfte er es veräußern. Aber er stand fern von der Heimath unter fremdem Einflusse, mochte oft weniger geneigt sein, mit dem Nächsten ein billiges Abkommen zu treffen, darum erscheinen die Vorschriften des Gesetzes aus dem besondern Verhältnisse hervorgegangen, angemessen und so als Ausnahme aufgefaßt bestätigen sie die Regel." — Den tutor denkt sich Beseler als Gefolgsherrn (Häuptling eines Dienstgefolges), „so alte Verhältnisse konnten sich bei den Sachsen bis zur Eroberung wohl erhalten haben."

---

[42]) A. a. O. S. 61 ff.

Zu dieser Erklärung habe ich aber Folgendes zu bemerken:

Ich stimme Beselern darin bei, daß der Verbannte nicht der tutor ist, sondern der Schutzbefohlene selbst [43]), halte übrigens jenen nicht für einen alten Gefolgsherrn, dem schwerlich so umfassende Rechte am Gute des Dienstmannes zustanden, sondern einfach für den Inhaber einer Vogtei im ältern Sinne des Wortes, deren Natur jene Rechte durchaus angemessen erscheinen [44]).

Im Uebrigen kann ich mich aber mit Beseler's Auslegung nicht befreunden. Denn

1. der besondere Einfluß, dem der Verbannte in der Fremde unterworfen ist, kann unmöglich als so bedeutend gelten, daß die Sachsen, wenn sie sich sonst um die Familie bei onerosen Veräußerungen nicht gekümmert hätten, seinetwegen eine Ausnahme hätten machen können.

2. Da die Stelle nur von exulibus, qui sub tutela nobilis sunt spricht, nicht auch von unabhängigen Verbannten, so muß das Besondere, was sie ohne Anstand für Verbannte enthält, sich entweder gar nicht auf das Verhältniß der Familie, sondern das zum tutor beziehen, oder doch nur auf ein solches Verhältniß zur Familie, welches durch die Tutel eine eigenthümliche Bedeutung hatte.

Besser ist die Auslegung, die Gerber [45]) von der Stelle gibt:

Agitur de exule qui necessitate coactus est res suas vendere. Fieri posset, ut opportuna exuli adesset occasio

---

[43]) „Den Satz: q. j. i. e. m. e. auf nobilis zu beziehen, ist deswegen nicht angemessen, weil der später erwähnte tutor, dem das Grundstück angeboten werden soll, wohl eben der nobilis mit der tutela ist: denn der wahre Vormund würde selbst die Veräußerung vorzunehmen haben und auch regelmäßig mit dem proximus dieselbe Person sein." Beseler a. a. O. S. 61. 62.

[44]) So auch schon Gerber l. c. p. 7 nach dem Vorgange von Kraut, Vormundsch. Bd. 1, S. 16, Note 20.

[45]) Gerber l. c.

res extraneo cuidam vendendi; ne miser ille, quominus hoc faciat proximiorum repugnantia impediatur, constitutum est, juri heredum satisfieri, si modo proximo et (secundo loco) tutori bona offerantur. Quodsi res ita se habet, apparet, hac lege jura heredum misericordia in hoc casu definiri, ergo (argumento a contrario) probari.

Diese Erklärung vermeidet allerdings die erste der Einwendungen, welche die Auslegung Beseler's treffen, sie läßt dagegen die zweite unerledigt.

Vielleicht wird aber auch diese durch folgende Erklärung der Stelle beseitigt werden können:

Unter die mancherlei Gerechtsame, die dem Vogte seinem Schutzbefohlenen gegenüber zustanden, gehörte auch die, daß letzterem die Veräußerung seines Gutes nur an Standesgenossen gestattet war [abgesehen natürlich von einer besondern Connivenz des Vogts] [46]). Ja ich halte es sogar nicht für unmöglich, daß nach älterem Sachsenrecht jede Verfügung des Schutzbefohlenen über sein Gut die Zustimmung des Tutors erheischte.

Von diesen Beschränkungen den Pfleghaften, den die Verbannung zur Veräußerung seines Gutes zwingt, zu befreien, das ist, meiner Meinung nach, die eigentliche Tendenz unserer Stelle.

Die Rechte der Erben sind dagegen nur erwähnt, weil die Stelle das Vorkaufsrecht, auf das sie das Einwilligungsrecht des Vogts beschränkte, demselben keineswegs auf Kosten der Erben geben wollte.

Nicht aber kann ich Gerbern zugeben, daß die Rechte der Erben in unserer Stelle eigenthümlich beschränkte sind; ich denke, es sind eben die Rechte, die bei Veräußerungen aus echter Noth (und eine solche lag sicher in unserm Falle vor) überhaupt an die Stelle des eigentlichen Beispruchsrechts traten.

---

[46]) Eichhorn, d. St.- u. R.-G. §. 62a, Note f, vgl. mit §. 57, Note b

Und gerade darum durfte sich die Stelle darauf beschränken, von exules, qui sub tutela nobilis erant zu handeln.

Daß diese Auslegung nicht minder als die von Gerber versuchte, die Ansicht über das Recht bestätigt, daß die alten Sachsen die Rechte des nächsten Erben auch hinsichtlich oneroser Verfügungen anerkannten, bedarf wohl nicht erst der besonderen Ausführung.

§. 5.

Meine eigene Meinung.

Unsere bisherige Darstellung hat zunächst in den §§. 1 und 2 eine Reihe der gewichtigsten Gründe für Beseler's Meinung zusammengestellt, sie hat aber dann in den §§. 3 und 4 eine Reihe nicht minder bedeutsamer Argumente für die herrschende Lehre nachgewiesen; es scheint also bezüglich unserer Frage eine unlösliche Disharmonie der Quellen constatirt.

Und in der That weiß ich keinen Ausweg, wenn man, wie das bisher immer geschehen ist, von dem Rechte der einen Völkerschaft ohne weiteres auf das der andern schließt und überdies Form und Sache ohne weiteres für identisch nimmt.

Alle Disharmonie löst sich dagegen leicht, wenn man sich in der einen, wie in der andern Hinsicht von den herrschenden Vorurtheilen entbindet.

Und eben in diesem Sinne soll die Frage nach dem Rechte des Erben nach älterm deutschem Rechte nunmehr zu beantworten versucht werden.

Ich unterscheide vier Völkergruppen :

1. Franken, Angeln und Varinen, Longobarden.
2. Burgunder.
3. Sachsen.
4. Baiern und Alemannen.

Erste Gruppe: Franken, Angeln und Varinen, Longobarden.

Das Recht dieser Gruppe scheint mir in folgender Weise bestimmt werden zu müssen:

Ein eigentliches Beispruchsrecht des Erben war den Völkern dieser Gruppe ursprünglich fremd; sie kannten nur freiwillige, nicht rechtlich nothwendige Berücksichtigung des Erben. Erst die spätere Zeit hat dessen anfangs blos sittliche Ansprüche zu rechtlichen gestempelt. Der Form nach wich also freilich das ältere Recht dieser Stämme von dem spätern ab.

Der Sache nach war aber in der That keine Verschiedenheit zwischen der frühern und spätern Zeit. Denn in älterer Zeit zeigte sich das blos sittliche Band zu Gunsten des Erben so stark und mächtig, wie in späterer das rechtliche. Und umgekehrt entbehrte auch die spätere Zeit keineswegs der gebürenden Rücksicht auf das Interesse des Eigenthümers.

Die Beweise für diese Sätze sind zum größern Theile schon in der bisherigen Darstellung gegeben.

Sie liegen für den ersten Satz (den der Freiheit der Verfügung der Form nach) in denjenigen Zeugnissen, die wir oben für die Beseler'sche Meinung aus den fränkischen, thüringischen und longobardischen Rechtsquellen zusammengestellt haben.

Die Bedenken, die man aus den Argumenten für die gemeine Meinung, soweit sie sich auf die hier in Frage stehenden Stämme beziehen, beigebracht hat, erledigen sich leicht durch folgende Betrachtung. Zuvörderst der Schluß aus dem späteren Rechtszustande beseitigt sich sehr einfach eben durch die Unterscheidung zwischen Form und Sache.

Die Stelle des Ripuarischen Rechts dagegen beweist allerdings, daß die Erben wenigstens bei Vergabungen v. T. w. schon damals Versuche machten, ihre sittlichen Ansprüche mit dem Rechtscharacter zu bekleiden und daß diese Versuche insofern Erfolg hatten, als der König diese Geschäfte unter seine besondere

Controlle stellte, auch in dem Falle der Vergabung an Ehegatten die Wirkungen des Geschäfts beschränkte.

Aber wenigstens die letztere Beschränkung ist schon in den Formeln geschwunden [47]) und die erstere in den Capitularien wenigstens zeitgemäß modificirt [48]).

Und bei der Stärke, welche, wie sogleich nachgewiesen werden wird, der sittliche Schutz in ältern Zeiten hatte, konnte in der That ein anderer Erfolg der Prätentionen des Erben nicht erwartet werden.

Etwas ausführlicher wird bei dem zweiten Satze verweilt werden müssen, bei dem Satze, daß in der Sache selbst keine Verschiedenheit zwischen dem ältern und neuern Rechte herrschte.

Der Beweis desselben umfaßt die beiden Sätze:

1. daß auch der ältern Zeit die Rücksicht auf den Erben (nämlich als freigewährte) nicht fremd war und

2. daß auch die spätere Zeit theils eine freiwillige, theils selbst eine rechtlich nothwendige Beachtung des Interesses des Eigenthümers nicht entbehrte. —

ad 1. Der erstere Satz ergibt sich:

a. durch den Nachweis, daß gerade liberale Verfügungen durchweg nicht aus Launen und nach Willkür, sondern immer nur aus triftigen Gründen vorgenommen wurden. (Onerose mochten bei der geringen Entwickelung des Verkehrs ohne solche ohnehin gar nicht denkbar sein.)

b. durch die Erwägung, daß auch bei Verfügungen aus triftigen Gründen eine freie Zuziehung der Erben nicht ungewöhnlich war.

Für den letzten Satz beziehe ich mich auf das, was Beseler bezüglich der kirchlichen Vergabungen, die notorisch an den

---

47) Vgl. bes. Form. Lind. 50.

48) Capit. IV. Caroli M. a. 803 sin de lege Ripuarense cap. 7. 48. (Die Stelle ist abgedruckt zur ersten Abh. §. 3, Note 52).

Consens der Erben nicht gebunden waren, aus baierischen Urkunden näher ausgeführt hat [49]).

Den zweiten Satz mag ein Verzeichniß der Fälle bekräftigen, in denen Marculf [50]) allein liberale Zuwendungen kennt:

I. Zuwendungen u. L.

1. an die Kirche.

Solche Verfügungen galten bekanntlich als onerose Veräußerungen aus echter Noth. Denn sie werden im Himmel durch Befreiung aus den Qualen der Hölle und des Fegfeuers vergolten [51]).

2. renumeratorische Gaben an fideles, bene meriti.

Solche Gaben konnten um so weniger bedenklich erscheinen, als das Band, das den fidelis an den Vergaber knüpfte, in der Regel auch zu Gunsten seines Erben fortbestand.

3. Dotationen der Verlobten.

Zu diesen bestand bekanntlich für den Bräutigam eine uralte Verpflichtung [52]).

4. Zuwendung eines Praecipui an Kinder, die sich um den Vater besondere Verdienste erworben hatten.

II. Zuwendungen v. T. w.

1. an die Kirche.

Von diesen gilt das zu I, 1 Bemerkte.

---

[49]) A. a. O. S. 64. 65.

[50]) Marculfi form. libri II u. Appendix, von denen natürlich vorausgesetzt werden muß, daß sie dem gen. Leser zu Handen sind.

[51]) Diese Gesichtspunkte werden in der Einleitung der Vergabungsurkunden stets expressis verbis hervorgehoben.

Z. B. form. Marc. II, 1. Faciat in pauperes eleemosynas, qui vult tartari evadere supplicia. II, 6. Si aliquid de rebus nostris locis Sanctorum vel in substantia pauperum conferimus, hoc nobis proculdubio in aeterno beatitudine retribuere confidimus.

[52]) Tac. Germ. cap. 18. Dotem non uxor marito, sed maritus uxor offert. Uebrigens könnten gerade die hierher gehörigen Formeln auch auf römisches Recht zurückzuführen sein. Vgl. das in der ersten Abh. §. 1, Note 7 (S. 7) Bemerkte.

2. an den überlebenden Ehegatten [53]).

3. Zuwendungen, durch welche Töchtern und Enkeln die nach deutschem Rechte fehlenden Erbrechte eingeräumt wurden.

Bekanntlich neigte diese Sitte im Laufe der Zeit immer mehr sogar zu gesetzlicher Anerkennung dieser Rechte [54]).

4. Vergabungen an ganz Fremde.

Diese kommen aber nur vor: in dem Falle, daß der Zuwendende durch Alter und Krankheit nicht mehr die Kraft hat, seinen Angelegenheiten selber vorzustehen, auch der Unterstützung leiblicher Kinder entbehrt, und gegen Uebernahme der Kindespflichten durch den Begabten [55]). M. a. W. nur als onerose Zuwendungen aus echter Noth.

---

[53]) Marculf kennt übrigens solche Vergabungen nur zu Leibzuchtsrecht, ganz entsprechend der Bestimmung der l. Ripuar. tit. 49. Vgl. Marc. I, 12. II, 7 u. 8.

[54]) Daß schon in der Periode des ältern deutschen Privatrechts die Sitte sich auf Seiten der Enkel und Töchter neige, darüber vgl. besond. Warnkönig, franz. St.- u. R.-G. Bd. II, S. 437. 442. Deren vollständige Ausbildung hat freilich in Frankreich der Feudalismus einigermaßen verzögert, desto entschiedener aber entwickelte sich das Recht der Enkel und Töchter in späterer Zeit. Warnkönig a. a. O. S.

Ueber das spätere Recht Deutschlands Eichhorn, d. St.- u. R.-G. Bd. II, §. 373, und über die Erbfolgefähigkeit der Weiber noch besonders Reyscher in der Zeitsch. für d. R. Bd. 6, Nr. 6, S. 257 ff.

[55]) Marc. II, 13. Si quis extraneum hominem in filiorum locum adoptaverit. Dum peccatis meis facientibus diu orbatus a filiis et me paupertas et infirmitas afficere videtur et te, juxta quod inter nos bonae pacis placuit atque convenit, in loco filiorum visus sum adoptasse: ita ut dum advixero, victum et vestitum tam in dorso, quam in lecto seu calciamento mihi in omnibus sufficienter impertias et procures et omnes res meas, quascunque habere videor, tam manso, vinea, prato, peculio seu reliqua suppelectile domus meae, salvo illo jure, me vivente in tua potestate recipere debeas. Propterea tibi hanc epistolam fieri decrevi, ut n que ego, neque ullus de heredibus meis aut quicunque, hanc convenientiam inter nos factam emutare non possit, sed sicut superius continetur, mona necessitates, dum advixero, debeas procurare; et omnes res meae et ad praesens et post meum discessum in tua potestate permaneant et quod tibi exinde placuerit faciendi liberam habeas potestatem.

ad 2. Der zweite Satz, daß umgekehrt der späteren Zeit die Rücksicht auf den Eigenthümer nicht fremd war, ergibt sich

a. schon daraus, daß dem Beispruchsrecht des Erben, wie wir schon oben mehrfach anzudeuten Gelegenheit hatten, in späterer (und, wo dasselbe überhaupt bestand, auch in älterer) Zeit schon de jure gewisse Schranken gezogen waren [56]) und

b. daraus, daß der Erbe auch da, wo er zum Widerspruche berechtigt war, aus billigen Gründen seinen Consens bereitwillig ertheilte, wie man aus den Urkunden deutlich ersieht [57]). —

Nach Allem dem wird also wohl die Behauptung, daß trotz der formellen Verschiedenheit im großen Ganzen eine materielle Abweichung des älteren und neueren Rechts nicht stattfand, keinem gerechten Bedenken unterliegen. Im Einzelnen mögen freilich manche Abweichungen erweislich sein, für solche Abweichungen im Einzelnen fehlt es aber auch keineswegs an guten Gründen [58]).

---

[56]) Ich erinnere nur an die Unterscheidungen zwischen Erbgütern und wohlerworbenen Gütern (properes et acquestes), Veräußerungen aus echter Noth und freiwillige Veräußerungen, an das französische Freitheilsrecht u. dgl. m. —

[57]) Sofern sie die Ertheilung der Einwilligung durch den Erben für unzählige Fälle bezeugen.

[58]) So bezweifle ich nicht, daß das spätere Recht der Vergabungen an Kirchen nicht denselben Spielraum ließ, als das ältere. Allein dieselbe Erscheinung finden wir, wie die Meichelbeck'schen Urkunden beweisen, auch bei den Baiern, bei denen Vergabungen an die Kirche ursprünglich unzweifelhaft des Consenses der Erben nicht bedurften, und eben die baierischen Zeugnisse Meichelbeck's weisen auch deutlich auf die Gründe hin, aus denen sich diese Einzelverschiedenheit des älteren und neueren Rechts erklärt. Wie nämlich schon Häberlin a. a. O. S. 1 bemerkt hat, wurden „vom Anfange des 10. Jahrh. die Schenkungen allmählig selten, bis sie gegen Ende des 14. Jahrh. fast gänzlich verschwanden"; daher sich „von da an die Bischöfe auf andere Weise durch Tausch und Kauf ihre Besitzungen zu vergrößern und abzurunden" suchten. Offenbar war also seit dem Anf. des 10. Jahrh. die Note 52 nachgewiesene Ansicht von der Bedeutung der Vergabungen v. T. w. nicht mehr lebendig und eben daher das Erstarken des Rechts des Erben hinsichtlich solcher Zuwendungen

Zum Schlusse nur noch die Bemerkung, daß der Uebergang des älteren zu dem neueren Rechte zum Theil allerdings zunächst in der Art erfolgt sein mag, wie dies von Beselern angedeutet ist, d. h., daß zunächst den Kindern, dann erst auch andern Verwandten formelle Gerechtsame eingeräumt wurden.

Wenigstens finden wir in dem Gesetze der Longobarden bereits wahre Rechte der Kinder, während wir anderen Erben bloß einen sittlichen Anspruch auf Berücksichtigung zuerkennen zu können glaubten [59]).

II. Zweite Gruppe. Burgunder.

Daß die Burgunder formell dem Principe der Freiheit huldigten, kann nach den oben mitgetheilten Stellen ihres Gesetzes keinem Zweifel unterliegen; allein mit der Form scheint bei ihnen auch die Sache gestimmt zu haben; denn jene Stellen sanctioniren das Princip der Freiheit, wie ein Blick in dieselben zeigt, auch der Sache nach, und der Zustand des spätern Rechts steht nicht entgegen, da in dem s. g. pays de droit écrit, dem das alte Burgunderland wenigstens der Hauptsache nach angehörte, auch in späterer Zeit keine anderen Rechte des Erben anerkannt waren, als die römischen Noth- und Pflichttheilsrechte [60]).

III. Dritte Gruppe. Sachsen.

Umgekehrt möchte für die alten Sachsen das Princip der Unfreiheit sowohl in formeller, als materieller Hinsicht schon in älteren Zeiten gegolten haben.

Die materielle Geltung würde schon der spätere Rechtszustand beweisen, aber auch die formelle Geltung ist in den oben

---

nur eine Consequenz des Grundsatzes, der thatsächlich auch schon in älterer Zeit gegolten hatte.

[59]) Ob auch in l. Ripuar. tit. 48 der Anspruch der Kinder schon als rechtlicher anerkannt war oder nur als sittlicher vorausgesetzt wird, wie Beseler a. a. O. S. 104 annimmt, wage ich nicht bestimmt zu entscheiden.

[60]) Warnkönig, franz. St.- u. R.-G. Bd. II, S. 491.

besprochenen Stellen so klar ausgesprochen, daß sie unmöglich in Frage gestellt werden kann.

IV. Vierte Gruppe. Baiern, Alemannen.

Gerade für diese Stämme ist es am schwierigsten, zu bestimmten Grundsätzen zu gelangen.

Daß sie eine materielle Berücksichtigung kannten, ist freilich nicht bloß aus dem späteren Rechtszustande, sondern auch aus den älteren Quellen ersichtlich.

Ob aber auch eine formelle, das ist schwer zu sagen.

Zeugnisse dagegen kenne ich nicht, andererseits können aber, wie mir scheint, auch die im §. 4 angezogenen Stellen nicht unbedingt als Zeugnisse dafür gelten [61]).

Doch neige ich — wegen der Analogie des fränkischen, anglo-varinischen und longobardischen Rechts — gar sehr zu der Meinung, daß auch Baiern und Alemannen ursprünglich kein förmliches Beispruchsrecht des Erben kannten.

§. 6.

Ueber den Grund der Berechtigung des nächsten Erben.

Den Schluß dieser Abhandlung sollen einige Bemerkungen bilden über die Frage nach dem Grunde des Einwilligungsrechts des Erben. Denn auch für diese Frage gilt noch immer bei allem Eifer, den unsere Germanisten neuerlich ihrer Lösung zugewandt haben, der Satz : quot capita, tot sensus.

Die früher ganz allgemein gebilligte Lehre suchte bekanntlich den Grund des Rechts des Erben darin, daß das Eigenthum an

[61]) Daß l. Bajur. XIV, 9, §. 3 auch durch die Voraussetzung bloß sittlicher Ansprüche der Erben erklärt werden kann, bedarf keiner Ausführung.

Aber auch l. Bajur. I, 1 und l. Alemannor. I, 1, 2 könnten nur den Zweck gehabt haben, Versuche des Erben zur Erlangung eines wahren Beispruchsrechts im Interesse der Kirche zurückzuweisen.

Grund und Boden nicht dem jeweiligen Besitzer, sondern der ganzen Familie zugestanden habe, und selbst noch heutzutage halten wenigstens noch einzelne Rechtslehrer an dieser älteren Erklärung der Rechte des Erben fest [62]).

Die Mehrzahl unserer Germanisten hat aber diese Familieneigenthumstheorie längst aufgegeben, und ich denke, mit allem Recht.

Soll freilich der Ausdruck Familieneigenthum nicht im streng juristischen Sinne genommen werden, sondern nur in der Bedeutung, in welcher auch die moderne Wissenschaft Stämme und Fideicommißgüter als Familiengüter zu bezeichnen pflegt, dann kann man jene Theorie freilich nicht eigentlich als unrichtig bezeichnen; wohl aber muß sie als völlig ungenügend gelten, denn sie ist offenbar nur eine juristisch ungenaue Umschreibung, nicht aber eine Erklärung des Grundes der Berechtigung des Erben.

Soll dagegen dem Ausdruck Familieneigenthum ein eigentlicher Rechtsbegriff (Gesammteigenthum) unterlegt werden, so bleibt zwar der Vorwurf der Unzulänglichkeit bestehen. D. h. es bleibt noch immer die Frage: wie kam der Deutsche dazu, nur Gesammteigenthum der Familie, nicht Alleineigenthum des gegenwärtigen Besitzers anzuerkennen? Die Frage nach dem Grunde des Rechts des Erben erscheint mithin nicht als gelöst, sondern nur als verschoben.

Zu dem Vorwurf der Unzulänglichkeit kommt aber auch noch hinzu der der Unrichtigkeit, denn den Ausdruck Familieneigenthum im Rechtssinne genommen, steht die Familieneigenthumstheorie mit klaren Aussprüchen unserer Quellen in directem Widerspruche, wie selbst von solchen anerkannt wird, die sonst das Gesammt-

---

62) J. B. Warnkönig, franz. St.- u. R.-G. Bd. II, S. 443, nach dem Vorgange von Philipps, d. Privatr. I, §. 86.

eigenthum in abstracto gegen die heftigen Angriffe neuerer Forscher in Schutz nehmen [63]).

2. Den ersten Versuch, der Familieneigenthumstheorie eine andere Erklärung der Berechtigung des Erben zu substituiren, hat Eichhorn [64]) gemacht. Nach seiner Ansicht sind die Erbrechte der nächsten Erben darum unverletzlich, weil mit denselben auch die Verbindlichkeit zur Blutrache in Verbindung gestanden habe; das ergebe sich insbesondere aus:

l. Angl. et Varinor. VI, 1. Hereditatem defuncti filius, non filia suscipiat. Si filium non habuit, qui defunctus est, ad filiam pecunia et mancipia, terra vero ad proximum paternae generationis consanguineum pertineat. 5. Ad quemcunque hereditas terrae pervenerit, ad illum vestis bellica i. e. lorica et ultio proximi et solutio leudis debet pertinere.

Gegen diese Erklärung ist indessen bereits von Beselern [65]) mit Recht erinnert worden, zunächst daß die Blutrache keine einseitige Richtung gehabt, und daß der Verpflichtung, den Genossen um das Wehrgeld zu lösen, das Recht des Empfanges, wenn für ihn Buße bezahlt worden, gegenüber gestanden habe, dann aber, daß die Berechtigung und die Pflicht der Blutrache und des Wehrgeldes keineswegs immer Hand in Hand gegangen

---

[63]) So namentlich Beseler a. a. O. II, 2. S. 225. 226: „Wie es sich damit (mit dem Gesammteigenthum) verhalten habe, zeigt eine Urkunde recht deutlich, die ich gerade für diese Erörterung aufgehoben. Als nämlich die Truchseßen von Waldburg im Jahre 1429 einen Familienvertrag schlossen, um sich in eine Erbverbrüderung zusammen zu thun, verzichteten sie erst feierlich in die Hand des Landrichters, vor dem das Geschäft eingegangen ward, auf ihr Gut und empfingen es dann wieder von demselben zu Gesammteigenthum zurück. Also erst die autonomische Beliebung und die damit verbundene Auflassung, die auch direct und gegenseitig hätte geschehen können, begründeten ihr Gesammteigenthum an dem nunmehr gemeinschaftlich gewordenen Vermögen."

[64]) D. St.- u. R.-G. 557 (Bd. I, S. 329).

[65]) A. a. O. S. 49 ff.

seien, wie schon eine Vergleichung der einschlagenden Stellen des salischen Gesetzes zeige [66]).

Und überhaupt möchte, bei aller Achtung für den großen Forscher sei es gesagt, ein solches scharfes Abzirkeln einzelner, einander correspondirender Rechte und Pflichten, wie es seine Erklärung voraussetzt, dem Geiste des deutschen Rechtes wenig angemessen erscheinen.

3. Die eigene Theorie, die Beseler über den Grund der Berechtigung des Erben aufstellte, kann nun freilich noch weniger genügen, als die Eichhorn'sche Ansicht. Darstellung und Prüfung derselben ist jedoch schon oben versucht worden und kann also an dieser Stelle unterbleiben [67]).

4. Ebenso ungenügend scheint mir die Theorie von Pauli [68]). Dieser Gelehrte gründet auf die Voraussetzung, daß unsere Beschränkungen von jeher nur bei Erbgütern gegolten hätten, die eigenthümliche Ansicht, die Germanen seien von dem Gedanken ausgegangen, was ihnen der Himmel, nicht die eigene Kraft gegeben, das hätten sie auch nicht denen entziehen dürfen, die der Himmel dazu bestimmt, es von ihnen zu empfangen.

Allein eben diese Voraussetzung, daß die Unterscheidung zwischen Erbgütern und wohlerworbenen Gütern von jeher gegolten habe, steht wenigstens für den größern Theil von Deutschland [69]) auf schwachen Füßen. Der Sachsenspiegel, der Schwa-

---

[66]) Vgl. l. Sal. 58 de chrenecruda mit l. Sal. 59 de alodis.

[67]) Oben, §. 3 (S. ff.).

[68]) A. a. O.

[69]) Bei den Franken, welschen wie deutschen, könnte freilich die Unterscheidung zwischen Erbgut und wohlerworbenem Gute so alt sein, als die Anerkennung rechtlicher Ansprüche des Erben überhaupt.

Wenigstens sind in Westfranken die Zeugnisse für jene Unterscheidung eben so alt, als diejenigen für die formelle Berechtigung des Erben überhaupt, und auch für das deutsche Franken bietet schon ein sehr altes Zeugniß:

Wormser Dienstrecht (bei Schannat hist. episc. Worm. Cod. prob. p. 45) art. 2: „Si quis praedium vel mancipia in hereditatem acceperit et

denspiegel weiß noch nichts davon, erst in den Stadtrechten gelangt dieselbe allmählig zur Geltung [70]). Ebendaher wird eine Erklärung der Rechte des Erben, die wesentlich auf der Unterscheidung zwischen den genannten Güterarten beruht, keinen Anspruch auf Beifall haben.

5. Gerber endlich geht bei der Erklärung unseres Instituts von der hohen Bedeutung aus, welche das Eigenthum (an Immobilien) für die staatsbürgerliche Berechtigung, um nicht zu sagen für die Freiheit, gehabt habe. Vermöge dieser Bedeutung des Grundeigenthums würde dessen Veräußerung eine Vernichtung der politischen Berechtigung, ja selbst der Freiheit gewesen sein, deren sich die Familie vermöge des Eigenthums des Vaters bereits erfreut habe. Diese Vernichtung abzuwenden, die wohlerworbenen Rechte der Familie zu schützen, sei der Zweck des Rechts des Erben gewesen.

Soll diese Ansicht so aufgefaßt werden, daß sie unter der politischen Bedeutung des Grundeigenthums nur die des s. g. echten Eigenthums denkt, so würde dagegen zu erinnern sein, daß die Ansprüche des Erben in späteren Zeiten auch auf Lehn- und Dienstgüter Anwendung gefunden haben, ja, daß sie den Charakter eigentlicher Rechte überhaupt erst in einer Zeit gewonnen haben, da die politische Bedeutung des echten Eigenthums durch die Entstehung der drei vorzugsweise s. g. Stände ihrer vollständigen Auflösung entgegenging. Gerber hat aber wohl die politische Bedeutung des echten Eigenthums nur beispielsweise hervorgehoben und in Gedanken die

---

in paupertatem inciderit et ex hac necessitate hereditatem vendere voluerit, prius proximis heredibus cum testimonio proponat ad emendum; si autem emere noluerint, vendat cui voluerit.«

[70]) So schon Gerber l. c. p. 5. Distinctio illa quam Pauli jam antiquissimo juri propriam esse dicit, haud dubie medio demum aevo orta est oppidanorum statutis eaque regula nostra commercio oppidano officiens, arctioribus finibus circumscribitur; alienationem enim concedebant immobilium hereditatis jure non adquisitorum.

politische Bedeutung des sonstigen Grundbesitzes keineswegs außer Acht gelassen.

Ferner könnte man die Gerber'sche Theorie so mißverstehen, als wenn er das Recht des Erben auf die gegenwärtige Gefahr der Beraubung der Vortheile der bürgerlichen Gesellschaft für den Erben selbst basire. Dagegen würde dann zu erinnern sein, daß den Seitenverwandten jene Vortheile in der Regel schon durch die Rechte am Vermögen ihrer eigenen Verwandten gesichert sein mochten, ja daß, wenn der Erblasser ein beträchtliches Vermögen besaß, selbst das Interesse seiner Kinder keineswegs eine so umfassende Beschränkung gebot, wie sie im deutschen Rechte wirklich gefunden wird. Aber gewiß hat auch Gerber nicht erkannt, daß unsere Regel in der That über den in der oben angedeuteten Weise beschränkten Zweck hinausging, daß sie, indem sie das Ausscheiden des Gutes aus dem Familienkreise an den Consens des Erben [71]) band, jene Gefahr auch als eine blos künftige, durch die Mehrung der Familie für die Nachkommen der Zunächstberechtigten gegebene abzuwenden gedachte.

Uebrigens scheint mir auch, abgesehen von den so eben hervorgehobenen Punkten, bezüglich deren ich, wie gesagt, Gerbern nicht als Dissentienten ansehe, dessen Theorie in folgender Hinsicht als unzulänglich.

Erstens nämlich scheint mir Gerber den Zweck unseres Instituts zu eng zu fassen, wenn er ihn auf die Bewahrung der politischen Existenz des Erben und der Erbeserben im Staate beschränkt. Ich wenigstens denke, daß schon die natürliche Existenz der Genannten im älteren Deutschland so wesentlich von dem Grundbesitz abhing, daß ich nicht einsehe, warum man den Zweck der Berechtigung des Erben auf die Sicherung lediglich der ersteren, nicht auch der letzteren beziehen mag [72]).

---

[71]) Nämlich aller Lebenden, oder gar nur der nächsten.

[72]) Im älteren Recht ward also durch Rechtsregeln eben das für

Dann aber scheint mir Gerber's Erklärung auch an einer Verwechselung des Zweckes mit dem Grunde der Berechtigung des Erben zu leiden. Den Zweck hat Gerber, zwar nicht vollständig, aber doch nicht unrichtig angegeben. Aber die Frage nach dem Grunde, die offenbar mit jener keineswegs identisch ist, bleibt ganz unbeantwortet; wir erfahren nur, was das deutsche Recht mit dem Beispruch des Erben, nicht aber warum es denselben wollte.

Gerade in dieser Hinsicht soll daher jetzt noch eine Ergänzung der Gerber'schen Theorie versucht werden.

Nach meiner Ansicht muß auch hier unterschieden werden zwischen den blos sittlichen und den eigentlichen rechtlichen Ansprüchen des Erben.

Der Grund der ersteren ist einfach zu suchen in der Innigkeit des alten Familienbandes, die vorzüglich gegeben war durch die hohe politische Bedeutung der alten deutschen Familie. Vermöge dieser betrachtete der Deutsche diejenigen Pflichten, die andere Stämme nur den Kindern, Ascendenten, allenfalls auch den Geschwistern gegenüber anerkannten, als Pflichten gegen alle Verwandten; ja er beschränkte die Verfügung über sein Vermögen selbst noch über die Gränzen, z. B. der römischen Pflichttheilsrechte im Interesse aller seiner Erben.

Diese Innigkeit des Familienbandes hat nun allerdings bei den meisten deutschen Stämmen die allmählige Auflösung der alten politischen Bande der Familie noch eine Zeit lang überdauert. Nach und nach indessen mußte das Hinwegfallen der politischen Beziehungen der Familienglieder zu einander auch die

---

alle Familien bezweckt, was heutzutage noch durch Familienstiftung fur einzelne Familien bezweckt wird. Dieser richtige Gedanke hat offenbar auch der Familieneigenthumstheorie der älteren Schule vorgeschwebt, die also eine gewisse Verwandtschaft mit Gerber's Idee, in der im Texte versuchten Erweiterung zeigt.

natürliche Verbindung abschwächen. Wenn wir daher nichtsdestoweniger die Ansprüche des Erben fortbestehen, ja wenn wir sie sogar zu eigentlich rechtlichen erhoben sehen, so muß dafür ein anderer Grund gesucht werden, als die, den Keim des Todes in sich tragende Innigkeit der deutschen Familie.

Dieser Grund scheint mir aber zu suchen in der Idee, daß es Aufgabe des Sachenrechts sei, nicht blos einem Theil der Staatsangehörigen, etwa den gegenwärtigen Besitzern, sondern allen Gliedern des Rechtsvereins, insbesondere auch dem kommenden Geschlechte die sachlichen Bedingungen eines vernunftgemäßen Daseins zu gewähren.

Diese Idee nämlich, deren Berechtigung kein Unbefangener verkennen wird, selbst wenn er sich der Schwierigkeiten ihrer Lösung vollkommen bewußt ist, war freilich im älteren deutschen Rechte nicht zur praktischen Bedeutung gelangt, eben weil die umfassende Bedeutung der verwandtschaftlichen Pflichten in dieser Hinsicht vollständigen Ersatz gewährte. Als aber die Innigkeit des Familienbandes schwand, als die Neigung erwachte, die alten sittlichen Ansprüche der Verwandten zu mißachten, da hat das deutsche Recht, seine uralte Idealität von Neuem bewährend, jener Forderung der Vernunft vornämlich dadurch Genüge zu leisten gesucht, daß es an die Stelle jener sittlichen Ansprüche förmliche Beispruchsrechte der Erben setzte.

Dieses ist meine Meinung über die Entstehung der Gerechtsame des nächsten Erben. Sie enthält in der Hauptsache auch zugleich mein Urtheil über den Werth dieses merkwürdigen Rechtsinstituts.

Ich unterscheide nämlich in dieser Beziehung den Zweck und das Mittel.

Seinem Zwecke nach kann demselben der vollste Beifal unmöglich versagt werden. Wer noch taub wäre gegen di

Stimme der Vernunft, dem würden die traurigen Erfahrungen unserer Tage, das Proletariat und die extremen Bestrebungen der Communisten und Socialisten zu dessen Beseitigung nur zu vernehmlich die Lehre predigen, daß jene gänzliche Nichtbeachtung des Mit- und Nachlebenden, wie sie das römische Recht im Interesse des gegenwärtigen Eigenthümers kennt, von Uebel ist. Ueber die Berechtigung des Zweckes der Einrichtung also kann, wie ich denke, kein Zweifel sein.

Aber auch das Mittel für den Zweck war für seine Zeit ein gerechtes und dem Zweck entsprechendes, mithin ein in jeder Hinsicht löbliches.

Man darf nur niemals außer Augen lassen, was auch schon oben angemerkt ist, daß das Beispruchsrecht des Erben auch dem Rechte nach kein völlig unbeschränktes war, und daß überdies der billige Sinn etwaige Härten vollends zu mildern wußte.

Wenn also auch schon die veränderte Bedeutung der Fahrniß in späteren Zeiten hinreichen mußte, um das Institut als ungenügend erscheinen zu lassen, wenn überdies die Auflösung der Familieneinigkeit manche Härten desselben, die früher verborgen geblieben waren, schärfer hervortreten ließ — wenn man eben daher seine Beseitigung (besonders durch den Einfluß des römischen Rechts) nicht anders, als zeitgemäß betrachten kann — es gab eine Zeit, für dem wir ihm billigerweise unsern Beifall nicht versagen dürfen.

Und so nehme ich denn keinen Anstand, allen, die sich heutzutage mit der großen Frage von der Ordnung des Eigenthums beschäftigen, den Wunsch zuzurufen: Möchten sie ihre Aufgabe so richtig erfassen und so verständig lösen, wie unser altes deutsches Recht.

Möchten diejenigen, die im Eifer gegen manche nicht mehr zeitgemäße Beschränkungen des Rechts des Einzelnen, jede Schranke im Interesse Anderer negiren, aus dem Munde der Geschichte weise Mäßigung lernen.

Möchten aber auch diejenigen, welche thöricht genug sind, das Recht des Einzelnen in dem der Gesammtheit gänzlich auflösen zu wollen, wohl beherzigen, daß das deutsche Recht das Recht des Einzelnen zwar beschränkte — aber keineswegs aufhob, daß es die Selbstständigkeit des Individuums nicht weniger heilig hielt, als das Interesse der Gesammtheit!

Nachträge.

Zur ersten Abhandlung.

Zu S. 12. Daß in älterer Zeit die feierliche Einräumung des (körperlichen) Besitzes auch in der Lombardei üblich war, hat bereits Beseler a. a. O. S. 33 aus einer interessanten Urkunde in Lupi's cod. dipl. civ. et eccl. Bergam. I, p. 859 sqq. (a. 874) nachgewiesen. „Dem Kloster des heil. Ambrosius zu Mailand sind Grundstücke übertragen worden: darauf begibt sich der Abt an den Ort, wo sie liegen und nimmt vor einem Notar und acht herbeigerufenen Zeugen eine symbolische Handlung vor, wodurch er sich als Herrn des Landes zeigt. — Lupi in der sechsten Note zu dieser Urkunde nennt sie eine Besitzergreifung per apprehensionem columnarum domus et glebae und fügt hinzu, daß, wie aus andern Urkunden erhelle, dieß die damals unter den Longobarden übliche Form eines solchen Aktes gewesen sei."

Zu S. 35. Zur Bestätigung der bisherigen Ausführungen kann auch eine Analogie des Familienrechts dienen, die freilich in unsern Quellen nur angedeutet ist:

Nach sächsischem Rechte erforderte die Bestellung eines Vormunds durch Wahl allerdings die Zuziehung des Gerichts (oder des Stadtraths).

Gl. z. Sächs. Weichb. art. 26. Der vater sol komen vor gericht — diesen vormund mus er also gewinnen mit rechten urteilen und der mus von gericht halb bestetiget werden.

Lüb. R. a. 1240 §. 185. So war en man sin testament maket (dies geschieht nach art. 161 in twier ratmanne antworde) u. vormunden set.

Dagegen genügte die Zuziehung von Zeugen nach

Erfurt. Stat. a. 1306 art. 9. Ein iclich vater mac wol vormunden setzen sinen kindern vor sinen frunden oder vor andern guten luten.

Kraut, Vormundsch. Bd. I, §. 22, S. 207. 208.

Zu S. 48. Das Vorkommen von schon äußerlich die Sache selbst repräsentirenden Symbolen bei der Investitura bestätigen auch die in dem Zusatz zu S. 12 angezogenen lombardischen Urkunden.

Zur zweiten Abhandlung.

Zu S. 97, Note 50. Das Ergebniß der Untersuchung von Warnkönig bestätigen auch:

Schäffner, Geschichte der Rechtsverfassung Frankreichs Bd. II, S. 389 ff.,

und zwei neue, sehr gründliche französische Arbeiten (die ich leider nur aus der Anzeige von Warnkönig in der kritischen Zeitschr. für Rechtswissenschaft und Gesetzgebung des Auslandes Bd. XXIV, H. 1, Nr. I kenne), nämlich:

Histoire de la possession et des actions possessoires au droit français etc. par S. Alauzet, chêf de Bureau au ministère de la justice, mémoire couronné par l'Institut. Paris, 1849.

Études sur les actions possessoires par M. Esquirou de Parieu in Foelix, Revue von 1849. S. 34. 187. 357. 466. 542. 728. 941 und 1850. S. 1.

Zu S. 125. Der in den §§. 4 ff. begründeten Auffassung der deutschen Gewere scheinen auch verwandt zu sein die neuen Ansichten von Alauzet und Parieu über die französische saisine. Doch gibt das kurze Referat Warnkönig's a. a. O. S. 16. 20 gerade über diesen, für uns vorzugsweise interessanten Punkt keine vollständige Auskunft.

Zu S. 128. Mit der Regel: le mort saisit le vif beschäftigen sich, außer den Schriften von Alauzet und Parieu noch zwei selbstständige Untersuchungen französischer Schriftsteller, die ich aber auch nur aus einer Anzeige (von Anschütz in der krit. Zeitsch. Bd. XXIV, H. 3, Nr. XXI) kenne, nämlich:

Devalroger in dem Journal le Droit vom 26. März 1850 und

Histoire et Théorie de la saisine héréditaire dans les transmissions de biens par décès, Mémoire couronné par la Faculté de droit de Paris le 10. Août 1850, par J. Simonnet, Substitut, Docteur en droit. Paris 1852.

Nach der Ansicht von Simonnet (p. 64) ist die Regel für das Gebiet des Landrechts materiell schon zur Zeit der Volksrechte vorhanden gewesen, nur ihr formeller Ausdruck gehört der späteren Zeit eigenthümlich an. Veranlassung zu dieser späteren Formulirung habe das allmählige Verdrängen des früheren, entgegenstehenden Princips des Lehnrechts durch das des Landrechts gegeben.

Dagegen läßt Devalroger, im Anschluß an eine früher unter den französischen Juristen sehr verbreitete Ansicht, die Regel auch materiell erst in späterer Zeit, vermöge Reaction gegen den abweichenden Grundsatz des Lehnrechts, entstehen und dann von dem Gebiete des Lehnrechts auf das des Landrechts übertragen. Und dieser Ansicht huldigen auch Alauzet (p. 92 ff.) und Parieu (p. 466 ff.).

Uebrigens erkennt insbesondere Alauzet ausdrücklich an, daß die Regel: l. m. s. l. v. zunächst nur für Descendenten gegolten habe und erst später auf Seitenverwandte ausgedehnt worden sei. Zweck derselben war ihm: die Rechte der Descendenten des Vasallen auf das Lehen so fest wie möglich zu machen.

Das Ergebniß der Untersuchungen der zuletzt Genannten stimmt also in vieler Hinsicht mit dem meiner eigenen Ausführungen überein. Soweit dies nicht der Fall ist, muß ich aber noch immer bei meiner früher aufgestellten Ansicht über die geschichtliche Entwickelung der Regel: l. m. s. l. v. beharren. Da wird es nicht nöthig sein, die Gründe dieses Beharrens specieller darzulegen, da sie sich aus meiner früheren Ausführung von selbst ergeben.

Kolibri 360 GmbH
Ferdinand-Jühlke-Straße 7
99095 Erfurt, Deutschland
produktsicherheit@kolibri360.de